NO TE DETENGAS

DEJA ATRÁS EL EVANGELIO
ACTUAL PARA SEGUIR POR
COMPLETO A JESÚS

DAVID PLATT

WHITAKER
HOUSE
Español

Traducción al español por:
Belmonte Traductores
www.belmontetraductores.com

Edición: Ofelia Pérez

No te detengas
Deja atrás el evangelio actual para seguir por completo a Jesús
© 2024 por David Platt

ISBN: 979-8-88769-116-9
eBook ISBN: 979-8-88769-117-6
Impreso en Colombia.

Whitaker House
1030 Hunt Valley Circle
New Kensington, PA 15068
www.espanolwh.com

Por favor envíe sugerencias sobre este libro a: comentarios@whitakerhouse.com.

1 2 3 4 5 6 7 8 9 10 11 〰 31 30 29 28 27 26 25 24

Para aquellos cristianos desalentados, desilusionados, dañados, dudosos y divididos.

EL EVANGELIO

El evangelio son las buenas noticias de que el único Dios verdadero, el Creador amoroso, Rey soberano y santo Juez de todo, ha mirado a los hombres y las mujeres que creó a su imagen de manera maravillosa, equitativa y única; pero que se han rebelado contra Él, están separados de Él y se merecen la muerte ante Él, y ha enviado a su Hijo Jesús, Dios encarnado, para vivir una vida perfecta y poderosa, para morir con una muerte sacrificial y sustitutoria, y para resucitar de la muerte en victoria sobre el pecado, Satanás y la muerte. El evangelio es una compasiva invitación de Dios para los pecadores de toda nación, tribu, pueblo y lengua a arrepentirse y creer en Jesús para el perdón de sus pecados, volviéndose de todos los ídolos para declarar lealtad solo a Jesús como Rey y confiar solo en Jesús como Señor. El evangelio es una garantía de que Jesús volverá de nuevo en gloria para consumar su reino para los redimidos de cada nación, tribu, pueblo y lengua en un cielo nuevo y una tierra nueva, donde todas las cosas serán hechas nuevas a la luz de su santa presencia, y su justo gobierno y reinado no tendrán fin. Según el evangelio, todo el que no confíe en Jesús experimentará un sufrimiento eterno y horrible en el infierno, y todas las personas que confíen en Jesús experimentarán una comunión satisfactoria y eterna con Dios en el cielo.

ÍNDICE

Introducción: El riesgo ante nosotros 11

1. La familia imaginada de nuevo
   Juntos en torno a la mesa de nuestro Padre 19

2. Seguir a Cristo en multicolor
   Abrazar la belleza de la etnicidad 45

3. Un pueblo de convicción compasiva
   El tesoro bueno y verdadero que poseemos 77

4. Justicia desbordante
   Hacer lo que Dios pide 101

5. Rectificando el gran desbalance
    La pobreza de evangelio y nuestro propósito en la vida 129

6. Dios, nuestra obsesión
    El gran fin del evangelio 157

7. Vale la pena
    Seis pasos hacia un futuro distinto 181

Reconocimientos 201

Notas 203

Acerca del autor 208

Introducción

EL RIESGO ANTE NOSOTROS

"¿Estás dispuesto a arriesgarlo todo por esto?".

Harry me miró fijamente a los ojos y me hizo la pregunta. Un seguidor de Jesús durante más décadas de las que yo he vivido no estaba malgastando su tiempo en hablar de cualquier cosa. Nos sentamos en una mesita en una sala de recepción en lo alto del Museo de la Biblia, en el centro de Washington D.C. Por encima del hombro de Harry podía ver el Capitolio de los Estados unidos tan solo a unos metros de distancia.

Mi familia y yo nos habíamos mudado a Washington hacía unos años atrás, y yo estaba pasando por algunos de los días más difíciles y desalentadores que he experimentado nunca. En efecto, la crítica y la oposición habían llegado tras escribir un libro hacía una década atrás sobre el costo de seguir a Jesús y rescatar tu fe del "sueño americano". Sin embargo, también tuve elogios y oportunidades. Muchos. La iglesia que pastoreaba en ese entonces estaba creciendo, y me invitaban a hablar en todo tipo de eventos y lugares. En un extraño giro que no vi llegar, escribir sobre rechazar el sueño americano en realidad me produjo muchas cosas que asociamos con ese sueño.

Pero el panorama era distinto ahora. Como muchas otras, nuestra iglesia estaba lidiando con los efectos de una pandemia global. Nuestra ciudad y nuestro país habían experimentado días tumultuosos de elecciones, protestas y manifestaciones. Las tensiones por la política y los asuntos raciales estaban causando grandes divisiones, dejando familias e iglesias divididas y maltrechas a su paso. Yo seguía predicando sobre lo que significa seguir a Jesús, pero esta vez no estaba recibiendo elogios. Más bien, mi carácter estaba siendo atacado, mi nombre estaba siendo difamado, y mi amor por Dios y mi devoción por su Palabra estaban siendo cuestionados. Estaba cansado y a punto de no poder seguir.

Harry sabía todo eso. Había oído los rumores y visto los titulares. Y, después de muchas conversaciones con pastores en situaciones similares en todo el país, él también sabía que nuestra iglesia no estaba sola.

"Tú tienes una buena reputación con un trabajo cómodo en una iglesia grande", me dijo. "¿Estás dispuesto a arriesgarlo todo por esto?".

El silencio se asentó en nuestra mesa por un instante.

Harry miró hacia un lado y comenzó a contar una historia sobre un pastor amigo suyo que, muchos años atrás, pasó por retos importantes en su iglesia. Muchos en su congregación lo acusaron de ser demasiado de "esto" o no lo suficiente de "aquello", y finalmente el pastor tomó una fatídica decisión. En palabras de Harry: "Decidió que el aplauso de las personas era más importante para él que su fidelidad a Dios". Por lo tanto, el pastor cambió de rumbo. Para evitar las críticas, cedió. Se esforzó al máximo por complacer a las personas, proteger su reputación, y mantener su posición en la iglesia.

"Y funcionó", dijo Harry. "El pastor pudo quedarse, y la gente quedó complacida. "Sin embargo", continuó Harry, "al final perdió algo irremplazable en su ministerio, y más importante aún para su vida. En lo más hondo de su ser, él sabía que no estaba dispuesto a pagar el precio que exige la convicción".

Harry volvió a fijar su mirada en mí y dijo con gentileza: "Pastor, sigue adelante, y no te detengas".

Tras una pausa, me preguntó si podía orar por mí.

"Lo apreciaría mucho", dije suavemente.

Inclinamos nuestras cabezas mientras Harry oraba por valentía para continuar, por gracia para amar a la iglesia y guiar a la gente a Jesús, y por la ayuda de Dios en todo.

Estoy escribiendo este libro porque no creo que las palabras de Harry fueran solamente para mí. Sé que no estoy solo cuando se trata del desánimo, la frustración y el cansancio entre los seguidores de Jesús en estos días. Desde mi punto de vista en el epicentro de mi país, veo matanza por todas partes entre los cristianos. Individuos que han experimentado dolor espiritual, emocional, relacional e incluso físico en la iglesia. Familias tensas y amigos que ya no se hablan. Consejos de ancianos separados en campamentos enemigos. Denominaciones siendo secuestradas por una facción acalorada u otra. Miembros de iglesias de hace mucho tiempo alejándose con indignación. Muchos jóvenes adultos, estudiantes universitarios y adolescentes desconectándose totalmente de la Iglesia. Y una gran parte de esto, te advierto, tiene poco que ver con el mensaje de Jesús o con la gracia salvífica de Dios para nuestro mundo.

Los efectos en la Iglesia han sido devastadores. Conozco y oigo de muchos cristianos que se sienten desilusionados o dañados por la Iglesia. Muchos están teniendo dudas acerca de la Iglesia, y en algunos casos sobre Jesús mismo. En mis momentos más oscuros, yo soy uno de esos cristianos.

Cada uno de nuestros viajes hasta este momento es único. Sin embargo, nos encontramos unidos en una lucha histórica que es social, política, espiritual y personal, todo a la misma vez. Nos hemos desanimado por la política dentro de la Iglesia o nos hemos alejado por la falta de compasión en ella. Hemos sido testigos de escándalos de líderes de la Iglesia, o incluso hemos soportado abusos sexuales por parte de ellos. Hemos visto la preservación de instituciones de toda la vida y el ascenso de personalidades notorias sobrepasar la compasión por las personas que sufren. Pasamos en las pantallas noticias de innumerables calumnias, y nos hemos vuelto adictos a los ataques en las redes sociales entre supuestos hermanos y hermanas cristianos. En todo ello, hemos visto los virus del orgullo, la autopromoción y el afán por el poder infectar no solo a nuestro país sino también a nuestra Iglesia.

Añadamos a estas dinámicas el sentimiento de apatía y complacencia ya existente en el cristianismo cultural, y nos encontraremos mirando alrededor un domingo en la mañana y preguntándonos: "Pensaba que Jesús era mucho más que esto. Pensaba que la Iglesia era mucho más que esto".

Y estoy escribiendo este libro para decir: *Es más.*

Jesús es mucho más y la Iglesia es mucho más que lo que tú y yo vemos en el mundo que nos rodea ahora mismo. Y podemos experimentarlo. Mejor dicho, podemos experimentarlo *a Él.* Podemos experimentar ese asombro por Jesús que quita la respiración, y la belleza incomparable de su Iglesia. Pero, para hacer eso, algunas cosas tendrán que ser diferentes. Y no comenzaremos hablando de "otras personas" sino de ti y de mí.

Eso nos lleva al título de este libro. Mencioné que hace una década atrás escribí sobre la necesidad de los cristianos de retirar nuestra fe del sueño americano; sin embargo, años después, tras mudarme a la capital de mi país y haber experimentado de forma cercana y personal la mala salud de la Iglesia en los Estados Unidos, he llegado a una conclusión clara: *el problema no era solo un sueño americano que ha consumido nuestras vidas, sino un evangelio actual que ha secuestrado nuestro corazón.*

¿A qué me refiero con un evangelio *actual?*

Durante demasiado tiempo hemos cambiado el evangelio bíblico que exalta a Jesús sobre todo lo que hay en este mundo, por un evangelio actual que prostituye a Jesús a favor de la comodidad, el poder, la política y la prosperidad. La evidencia nos rodea por todas partes. En lugar de estar deseosos de unirnos en torno a la gloria de Jesús, los cristianos se apresuran a dividirse por la idolatría de las convicciones personales y políticas. En lugar de disfrutar de la belleza multiétnica que Jesús ha hecho posible para nosotros en la Iglesia, los cristianos siguen segregando por el color de la piel. En lugar de compartir la Palabra de Dios como si fuera agua para los amigos sedientos en un desierto espiritual, la estamos blandiendo como un arma contra nuestros enemigos en una guerra cultural. Como seguidores del Gobernador justo del universo, estamos ignorando una creciente injusticia a nuestro alrededor, y nos enredamos fácilmente en llamados a promover la grandeza de nuestra nación mientras básicamente ignoramos el mandato de Jesús de llevar el evangelio a todas las naciones.

En otras palabras, lo que estamos viviendo en la Iglesia hoy (gran parte del desánimo, la desilusión, el daño, las dudas y la división) se produce como resultado directo de aceptar un falso evangelio en nuestros corazones. Y, si tuviéramos la humildad y la valentía para regresar al verdadero evangelio, podríamos seguir la guía de Jesús hacia un futuro distinto.

Un futuro de lucha por los demás, y no contra ellos, como hermanos y hermanas en Cristo, comprendiendo que el verdadero evangelio transforma muros de hostilidad para convertirlos en unidad sobrenatural.

Un futuro que cambia el curso de la división racial de siglos en la Iglesia para que quienes somos refleje la belleza de quién es Jesús.

Un futuro que confía en toda la Palabra de Dios (incluyendo las partes difíciles) con convicción, mientras amamos a todos los que nos rodean (incluyendo aquellos con los que discrepamos) con compasión.

Un futuro de hacer justicia en lugar de solamente debatir sobre ella.

Un futuro en el que todos tenemos un papel que desempeñar para conseguir que cada nación del mundo disfrute de Jesús y lo exalte.

Al final, un futuro en el que comprendamos de una manera fresca o por primera vez que la meta, el regalo y el premio del verdadero evangelio es Dios mismo, y un futuro en el que encontremos en Él la solución y satisfacción para cada cosa que desea nuestra alma.

Para ser claro, descubrir que el evangelio actual es insuficiente *no* significa ser desagradecido por la gracia de Dios. Yo pastoreo una iglesia llena de mujeres y hombres, muchos de uniforme, que han hecho innumerables sacrificios para proteger y promover las libertades y oportunidades que tenemos. Nuestra iglesia también está felizmente llena de familias que han inmigrado desde países donde estas libertades y oportunidades no existen. Escucharás historias sobre muchas de estas personas en las páginas siguientes, y estoy profundamente agradecido por todos ellos. Yendo más al grano, estoy profundamente agradecido por los Estados Unidos, un país en el que se nos permite tener la libertad de practicar, predicar y promover el evangelio de Jesucristo. Este libro trata simplemente sobre trazar un camino hacia adelante que no se aferre con mucha fuerza a los ideales de un país que, aunque muy bendecido, está destinado a caer algún día, sino que asuma con fuerza al evangelio de un Rey que nunca fallará.

No presumo de tener todas las respuestas, ni tampoco presumo de que mi propio corazón esté totalmente desconectado del evangelio erróneo que estoy describiendo. Estoy en un viaje, y en medio de muchas cosas que no sé, sí sé que el camino que hay por delante será costoso. Sin embargo, no quiero detenerme porque, al final, estoy convencido de que hay mucho más sobre Jesús y su Iglesia de lo que el evangelio actual podría ofrecer, y quiero experimentarlo y disfrutarlo a Él plenamente, junto a ti y a muchos otros más.

1

LA FAMILIA IMAGINADA DE NUEVO

Juntos en torno a la mesa de nuestro Padre

Nunca podría haber imaginado que Dios me haría ser padre.

He compartido en diferentes entornos que mi esposa Heather y yo batallamos con la infertilidad por varios años de mucho dolor. Creyendo que no podíamos tener hijos biológicamente y que estábamos llamados a formar una familia, adoptamos a nuestro primer hijo, Caleb, de Kazajistán. Dos semanas después de regresar a casa con Caleb, y todavía adaptándome a eso de ser padre, llegué tarde a casa una noche después de una reunión y me sorprendió encontrar a Heather aún despierta.

"¿Está todo bien?", pregunté.

"Tienes que sentarte", dijo ella.

Preocupado, me senté en el sofá a su lado.

"Estoy embarazada", me dijo ella.

Me quedé sin palabras. Tras años y años de intentarlo, no creíamos que el embarazo natural fuera una posibilidad. Aparentemente, lo que ocurre en Kazajistán no se queda en Kazajistán.

Nueve meses después, Heather me despertó en mitad de la noche. "Probablemente es una falsa alarma", me dijo, "pero creo que deberíamos ir al hospital".

Nos vestimos y salimos en esa fría noche de diciembre, pero cuando llegamos al hospital las enfermeras nos dijeron que no tenían habitaciones libres para nosotros. Muy apropiado para esta época del año, pensé yo. ¿Deberíamos buscar algún establo cercano?

El personal del hospital hizo todo lo que pudo. Improvisaron una habitación para nosotros en un cuartito vacío y conectaron a Heather a varias máquinas. Un par de horas después, el proceso iba progresando, y nos llevaron a una habitación normal. Mi emoción se templaba con la tensión, porque la verdad sea dicha, no me gustan mucho los hospitales. Solo pensar en una vía intravenosa me hace sentir mareos.

Cuando la enfermera le dijo a Heather: "El doctor deja que los esposos ayuden en el parto, si quieren", Heather se rio y dijo: "Mi esposo nunca haría eso".

Con el orgullo herido, me di cuenta de que esa era mi oportunidad de demostrar de qué estaba hecho. Sin pensármelo dos veces, dije: "¡Ayudaré a que nazca el bebé!".

Sorprendida, Heather me miró: "¿En serio?".

"Sí… claro", dije tartamudeando. "¿Quién no querría ayudar en un parto?".

En cuanto las palabras salieron de mi boca, comencé a sudar a mares. ¿En qué estaba pensando? Ya me sentía mal solamente por estar en esa sala, ¿y me ofrecí para traer al mundo a un bebé? Necesitaba un plan, así que decidí ver la situación como si fuera un viaje misionero en el extranjero. Cuando viajas a otro país, haces cosas que normalmente no haces. Comes cosas que normalmente no comes, y bebes cosas que normalmente no bebes. Cuando estás en Roma, haces lo que hacen los romanos —pensé para mí—, así que cuando estás en el hospital haces lo que hacen los médicos. "Además, tengo un doctorado", razoné. Sí, en teología, pero todos los doctores son prácticamente iguales. ¿Verdad?

Paseaba por la habitación, preparándome mentalmente hasta que entró el verdadero doctor; y, cuando lo hizo, me dijo que me pusiera la ropa que me darían. Era el momento del partido. Mientras me ponía el gorro y los guantes, el doctor me llevó aparte y me contó el plan. Usó mucha jerga médica que yo no entendía y después me preguntó: "¿Lo entiendes?".

"Sí, claro", respondí.

¿La realidad? Cada minuto que pasaba me sentía más débil, y apenas si podía respirar.

Las cosas avanzaron con rapidez. Me ahorraré los detalles, pero cuando llegó el momento, el doctor me dijo que me acercara y pusiera mi mano izquierda debajo de la derecha, igual que Tom Brady justo antes de recibir el balón desde el centro. Flanqueado por dos enfermeras, ahí estaba yo de pie esperando recibir el balón. Asomó una cabecita muy pequeña, y el tiempo se detuvo mientras yo sacaba a Josué, el hijo por el que habíamos orado por muchos años. Lo coloqué en el regazo de mi preciosa esposa (todo sin desmayarme, lo cual hizo que el milagro fuera aún mayor en ese momento). Pensando en Caleb, mi hijo de Kazajistán, que esperaba afuera de esa habitación, comprendí que Dios estaba formando nuestra familia de maneras con las que nunca podría haber soñado.

Ese sueño se amplió cuando, tres años después, adoptamos a nuestra hija Mara de China. Tres meses después de esa adopción, para nuestra sorpresa, Heather volvió a quedar embarazada. A los nueve meses nació nuestro cuarto hijo, Isaiah. Sí, también ayudé en el parto, de nuevo con la ayuda de un doctor de verdad.

Estábamos muy contentos con el tamaño de nuestra familia hasta años después cuando, en una cena romántica, salió el tema de la adopción. No fue una conversación que Heather o yo esperábamos tener de nuevo, pero cuando le dimos al camarero el dinero esa noche, estábamos llorando y riendo, creyendo que Dios nos estaba guiando a volver a adoptar. Esa historia está todavía en proceso mientras escribo este libro. Ha supuesto muchos giros y vueltas desgarradoras en el corazón, y oro para que cuando leas estas palabras al menos haya otro hijo más en nuestro hogar.

Cuando me siento con mi familia para cenar, echo un vistazo alrededor de la mesa asombrado, y pienso: "Ni siquiera supe pedir esto". En verdad, nunca me habría imaginado este cuadro familiar que Dios ha dibujado.

Sin embargo, al inicio de este libro quiero darte un destello de una familia que es mucho más grande, infinitamente más inimaginable, y mucho más hermosa que la mía. Es una familia de hermanas y hermanos con diferentes rasgos faciales y tonos de piel. Piensan de forma distinta. Viven según normas sociales distintas. Vienen de diferentes trasfondos y naciones. Si pudieras ver a las personas de esta familia reunidas en cualquier lugar del mundo, digamos en ese campo de sueños en Iowa o en las llanuras del Serengueti, pensarías: "¿Qué puede tener en común un grupo tan distinto de personas?".

Imagínate alrededor de la mesa con ellos. Mira el rostro de un creyente que proviene de un país predominantemente musulmán que apenas se ha convertido en ciudadano del país. Mira a su lado al pentecostal de color defensor de la justicia racial. Junto a él está el veterano de guerra bautista que ahora sirve haciendo cumplir la ley sentado junto al abogado presbiteriano conservador. Sigue recorriendo la mesa, y mira a la activista social de veintiséis años de edad que vive en una casa compartida sentada junto al inmigrante cristiano que acaba de llegar sin documentos desde América Central, y que le está pasando las papas al líder del grupo de Facebook MAGA del centro de Florida. ¿Qué podría haber reunido a todas estas personas?

La respuesta a esa pregunta es lo más importante que posiblemente podrían tener en común. Cada uno de ellos tiene el mismo Padre celestial. Cada uno de ellos ha sido adoptado por Dios por medio del evangelio, y todos han sido bienvenidos a su familia como sus hijos e hijas. Y, de la abundancia del gran amor de Dios por ellos, poseen una capacidad sobrenatural para mostrar ese gran amor los unos a los otros.

Esta familia se llama la Iglesia, y suponiendo que seas seguidor de Jesús, eres parte de esa familia. Estás sentado alrededor de la misma mesa, y no solo eres parte de esta familia aquí y ahora, sino que tú y yo seremos parte de la familia de Dios para siempre.

Pero hoy, antes de llegar a la eternidad, debemos tener una importante conversación familiar. No va a ser fácil, pero es necesario hacerlo.

¿Estás preparado?

UNA CONVERSACIÓN FAMILIAR

Nuestra familia de la Iglesia está enferma. Particularmente la parte de la familia que tiene su hogar en América.

En lugar de disfrutar de la compañía de los demás en la mesa, animándonos unos a otros y amándonos unos a otros de palabra y de hecho, estamos enredados en un clima cultural que hace que enseguida nos acusemos, menospreciemos, cancelemos e interrumpamos los unos a los otros. Incluso más que estar divididos, muchas hermanas y hermanos (por ej., muchos de *nosotros*) estamos sufriendo y nos sentimos heridos mutuamente. Tan decepcionados y dolidos, de hecho, que muchos se están levantando de la mesa.

Pero, hermanos y hermanas, ¿no deberíamos desear ser sanados? ¿No deberíamos anhelar experimentar lo que significa ser parte de una familia inexplicablemente alegre con un Padre bueno hasta lo inimaginable?

ORACIÓN DE DESPEDIDA DE JESÚS

Jesús es el señor de la unidad, y juntó a un grupo de personalidades muy distintas para demostrar el punto. Además de llamar a pescadores sin educación formal, trabajadores sencillos no pertenecientes a círculos sociales de élite, también llamó a Mateo, un acaudalado recaudador de impuestos al que le importaba tan poco la lealtad política a su propio país que recaudaba impuestos para los opresores romanos. En el otro lado del péndulo llamó a Simón, un zelote de un movimiento ocasionalmente militante y antigubernamental. ¿Te lo puedes imaginar? ¿Miembros de la extrema derecha y la extrema izquierda, esencialmente enemigos políticos, pasando juntos cada minuto del día?

Estoy seguro de que no siempre fue fácil, pero funcionó. Aprendieron a soportarse unos a otros. Aprendieron a poner su vida por los demás. Este vínculo de unidad es lo que Jesús quería para ellos. La unidad era su visión para el futuro. De hecho, en su oración final por ellos antes de morir en su lugar, oró para que permanecieran juntos y demostraran al mundo un cuadro sobrenatural de su amor (Juan 17).

Con el tiempo, hicieron precisamente eso. Comenzaron la Iglesia, donde las diferencias entre los nuevos discípulos se multiplicaron todavía más. Eran hombres y mujeres, ricos y pobres, jóvenes y ancianos, esclavos y libres, hebreos y helenistas. Los gentiles comenzaron a unirse a la Iglesia en tropel, y los judíos aborrecían a los gentiles. Sin embargo, una vez que los discípulos judíos verdaderamente tenían un encuentro con Jesús, todo cambiaba. Pablo, de etnia judía y según su propia admisión fariseo de fariseos, pasó su vida amando y dejando la piel por el pueblo al que antes aborrecía.

Al final, los de etnia judía, romanos ricos y gentiles pobres de todo tipo de trasfondos paganos, estaban todos juntos en la familia de Dios. Jesús había orado para que se mantuvieran juntos, y ellos lo hicieron. Como resultado, el mensaje del evangelio se extendió por todo el mundo. Por eso tú y yo estamos aquí hoy, y si podemos modelar lo que hicieron quienes estuvieron antes que nosotros, si podemos personificar la oración de Jesús pidiendo unidad hoy, entonces tendremos un papel que desempeñar a la hora de transmitir el evangelio a las generaciones venideras.

UNIDAD ENTRE LAS DIFERENCIAS

A pesar la oración de Jesús pidiendo unidad, hemos descubierto todo tipo de razones para dividir su familia en campamentos opuestos, y la caída emocional y espiritual está demostrando ser ruinosa. Hablaremos más en el capítulo siguiente sobre cómo nos dividimos en iglesias distintas teniendo como base el color de nuestra piel; sin embargo, nos dividimos por algo más que el color de la piel. Nos dividimos políticamente. Los estudios muestran claramente que muy pocas personas asisten a las reuniones de las iglesias con otros creyentes cristianos que tengan ideas políticas distintas.[1] Nos dividimos teológicamente por distintas perspectivas sobre los dones espirituales, los últimos tiempos, el modo del bautismo o el liderazgo en la iglesia. Nos dividimos estilísticamente por distintas perspectivas sobre la música, la duración del servicio, la decoración de la iglesia, y un montón de cosas más.

Para ser claros, no es necesariamente malo tener ideas distintas sobre estas cosas. A fin de cuentas, yo no espero que todos los cristianos de la zona metropolitana de Washington D.C. asistan a la iglesia que yo pastoreo, una iglesia donde hacemos las cosas de una manera en particular basada en nuestras convicciones particulares. Alabo a Dios por los pastores y las iglesias que proclaman el evangelio y creen en la Biblia en nuestra ciudad (y en todo el país, por cierto), que hacen las cosas de manera distinta sobre la base de distintas convicciones, y quiero que todos ellos alcancen a más personas para Jesús. Pero solo porque no asistamos todos a la misma iglesia no significa que no podamos caminar todos juntos en unidad cristiana.

Entonces, ¿no habrá un modo de tener una comunión genuina, auténtica y profunda con personas que son muy distintas a nosotros, tal y como lo vemos en la Biblia? Yo creo que sí. Incluso cuando estamos en iglesias distintas y compartimos ideas políticas diferentes, hay una manera de seguir mostrando amor sobrenatural por los cristianos de otras iglesias que podrían ser muy diferentes a las nuestras. Hay un modo de cultivar este tipo de unidad en amor en nuestras congregaciones locales, en la iglesia más extensa en nuestro país, y en el cuerpo de Cristo en todo el mundo.

Y todo comienza con entender quién nos une, por qué cosas vale la pena dividirse y por cuáles no.

TRES CUBOS

Imagínate tres cubos conmigo. En el primer cubo hay creencias y prácticas bíblicas muy claras que unen a todos los seguidores de Jesús. Este cubo contiene el evangelio. Para resumirlo:

El evangelio es la buena noticia de que el Creador justo y misericordioso del universo ha mirado a los hombres y las mujeres pecadores y sin esperanza y ha enviado a su Hijo Jesús, Dios encarnado, para llevar su juicio contra el pecado en la cruz y demostrar su poder sobre el pecado en su resurrección, para que cualquiera en cualquier nación que se aleje de su pecado y confíe en Jesús como su Salvador y Señor pueda recibir el perdón de sus pecados y ser reconciliado a una relación con Dios por toda la eternidad.

El primer cubo también contiene la autoridad, inerrancia y suficiencia de la Palabra de Dios, e incluye los mandamientos y las verdades claras y directas que se encuentran en ella. Como exploraremos en un capítulo posterior, la Biblia es el fundamento supremo y suficiente para lo que creemos y para cómo vivir como seguidores de Jesús.

Los cristianos se separan de ciertas maneras de quienes no son cristianos por creencias y prácticas que encajan en este primer cubo. Por ejemplo, si alguien dice que Jesús no es Dios, que la salvación no es por gracia, o que Jesús no murió en una cruz y resucitó de la muerte, entonces deberíamos amar y preocuparnos por esa persona, pero no podemos adorar con él o ella como iglesia porque simplemente no adora al mismo Dios ni cree en el mismo evangelio. Del mismo modo, si alguien niega la autoridad y suficiencia de la Biblia, entonces esa persona no es seguidora de Jesús, y no nos unimos con ella en nuestra fe. En cambio, le amamos como no creyente que es, y hacemos todo lo posible para llevarlo a Jesús.

El segundo de nuestros tres cubos contiene creencias y prácticas que unen a los seguidores de Jesús que se juntan en una iglesia local. Este cubo incluye cosas sobre las que los cristianos pueden discrepar según cada iglesia. Las iglesias locales a menudo se dividen en distintas denominaciones teniendo como base creencias y prácticas de este segundo cubo. Sin embargo, se unen y trabajan juntos con iglesias de otras denominaciones para extender el evangelio en el mundo. Por ejemplo, una iglesia cree que se debe bautizar a los bebés, y otra iglesia cree que se debe bautizar solamente a los que creen en Cristo. Una iglesia puede creer que las mujeres y los hombres deberían ser bíblicamente afirmados como pastores, mientras que otra iglesia cree que solo los hombres deberían ser bíblicamente afirmados como pastores. Puede que una iglesia crea que Dios todavía reparte dones espirituales de profecía, lenguas o sanidad en la actualidad, mientras que otra podría creer que esos dones ya no están activos en la Iglesia ahora como lo estuvieron en el pasado. Aunque los cristianos a menudo se dividen en distintas iglesias sobre la base de creencias y prácticas de este segundo cubo, se siguen celebrando unos a otros como seguidores de Jesús y trabajan juntos para la extensión del evangelio en el mundo.

El tercer cubo contiene creencias y prácticas en torno a las cuales incluso los cristianos de la misma iglesia discrepan. Miembros de una iglesia local tal vez están de acuerdo con el bautismo, los dones espirituales y el liderazgo de la iglesia, pero quizá discrepan en cómo se desarrollarán los acontecimientos de los últimos tiempos. Puede que discrepen en opciones políticas y una gran cantidad de otras convicciones personales que uno pueda tener. Aunque estos cristianos tengan muy claras sus convicciones personales, deciden no dividirse en distintas iglesias para separarse de otros cristianos que tienen convicciones distintas.

CONFUNDIENDO LOS CUBOS

Los problemas para la unidad en la iglesia comienzan cuando confundimos estos cubos y olvidamos cómo amar a las personas cuyas creencias en cualquier cubo son distintas a las nuestras. Permíteme ilustrarlo.

Durante las recientes elecciones en los Estados Unidos, oí a muchos cristianos, e incluso a líderes de iglesias, decir: "No se puede ser cristiano y votar por _____", e insertaban el nombre de un candidato en el espacio en blanco. Es interesante que oí a cristianos de distintas partes del pasillo insertar distintos nombres al final de esa frase. Este lenguaje colocó una elección de voto en el primer cubo, conduciendo inevitablemente a que los cristianos cuestionaran la fe de los demás debido a la forma en que eligieron votar. Pero las meras opiniones sobre quién debería ser el presidente de los Estados Unidos no tienen la misma importancia que las convicciones acerca de la esencia del evangelio o la autoridad de la Palabra de Dios.

En la iglesia que pastoreo, dije lo que resultó ser una frase inconscientemente provocativa y para mi sorpresa muy controvertida durante el ciclo de elecciones de 2020. "Como iglesia, no nos vamos a dividir por el voto que demos para elegir presidente", dije. "Si alguien cree que deberíamos dividirnos por este asunto, entonces puede que ésta no sea la mejor iglesia para ti. Te animamos a encontrar una iglesia que comparta esa convicción, y sinceramente te bendecimos como nuestro hermano o hermana en Cristo si lo haces, con la esperanza de que tú y la iglesia que crea en la Biblia y proclame el evangelio a la que escojas unirte siga llevando a más personas a los pies de Jesús". En otras palabras, decidimos poner el asunto de cómo debía votar la gente en unas elecciones presidencial en el tercer cubo, como un asunto sobre el que los cristianos de nuestra iglesia podían discrepar, pero por el que no nos dividiríamos. Y, en caso de que te lo estés preguntando, muchos de nuestros miembros discrepaban *acaloradamente* entre ellos en cuanto a quién votar, y aun así tomaron la decisión de mantenerse unidos como iglesia.

Nuestra familia espiritual es diversa y multiétnica, pues incluye personas de más de cien países distintos. Cuando miro a nuestra congregación, sé que no tenemos la esperanza de poder estar unidos en los asuntos de ese tercer cubo. Y no me importa, de verdad. De hecho, me encanta. Claro que sería mucho más fácil si todos creyeran lo mismo que yo creo o prefirieran lo que yo prefiero, pero no todo lo que yo creo es lo mejor, y mis preferencias no son lo principal. Doy gracias a Dios por otras hermanas y hermanos en mi vida que aman a Jesús, creen en la Biblia, y a veces llegan a conclusiones distintas o tienen deseos distintos a los míos. Estas personas me estiran, me afilan, me hacen seguir siendo humilde, y me desafían a ser más como Jesús.

Lo mismo es cierto en la Iglesia en general. Me encanta estar con hermanas y hermanos en Cristo de otras iglesias que difieren por asuntos del segundo cubo. Me critican por hablar en conferencias o tener relaciones con personas que tienen perspectivas teológicas distintas sobre temas del segundo cubo, pero no puedo imaginar mi vida sin amistades y asociaciones en el evangelio con el cuerpo de Cristo más amplio. Aprendo mucho de otras hermanas y hermanos, incluso (o especialmente) cuando diferimos en algunas de nuestras convicciones.

De hecho, mientras escribo este capítulo acabo de regresar de pasar tiempo y hablando en eventos junto a dos hermanos en Cristo que tienen opiniones muy distintas sobre temas del segundo cubo. Aun así, me encantó sentarme en la mesa con ellos, disfrutar de comidas, adoración, oraciones, estudio de la Biblia, y servir a personas en el nombre de Jesús con ellos. Me fui de ese evento profundamente desafiado, incómodamente estirado, y al final animado en Cristo.

Estoy convencido de que nos estamos perdiendo la maravilla contracultural de lo que significa estar en el cuerpo de Cristo si no estamos dispuestos a discrepar, con amabilidad y respeto, sobre asuntos del tercer cubo en nuestras iglesias locales, y en asuntos del segundo cubo en la Iglesia en general. Es tiempo de aprender a aferrarnos con firmeza a nuestras convicciones personales sin comprometer la unidad única y sobrenatural que Jesús ha hecho posible que tengamos en el evangelio.

CARNÍVOROS Y VEGETARIANOS

Por fortuna, esta no es la primera vez en la historia que los seguidores de Jesús han batallado por la unidad, y Dios nos ha dado guía para un conflicto como el que estamos experimentando hoy entre nosotros. En el libro de Romanos, Pablo escribió a una iglesia cosmopolita en la que los seguidores de Jesús discrepaban por casi todo, desde los alimentos que comían hasta las fiestas que celebraban. Algunos decían: "Está bien comer carne", mientras que otros decían: "Deberíamos ser todos vegetarianos". Otros discrepaban sobre fiestas concretas que se debían honrar. La división amenazaba con trabar la iglesia, en parte porque había distintos grupos que pensaban que todos debían tener las mismas creencias sobre asuntos del segundo y el tercer cubo.

¿Cómo podían preservar su unidad? Pablo no les dijo que crearan iglesias distintas, una para carnívoros y otra para vegetarianos. Eso probablemente habría sido más fácil, así como sería más fácil que nuestra iglesia en Washington D.C. se separara según las perspectivas políticas o por algunas otras convicciones personales. En lugar de eso, Pablo llamó a la iglesia a construir la unidad en torno a Jesús. En su carta a los Romanos, Pablo escribió: *Pero el Dios de la paciencia y de la consolación os dé entre vosotros un mismo sentir según Cristo Jesús, para que unánimes, a una voz, glorifiquéis al Dios y Padre de nuestro Señor Jesucristo* (Romanos 15:5-6).

¿Cómo hacemos eso? Nos enfocamos en Jesús y aclaramos con qué cubos estamos lidiando.

Pablo le dice a la iglesia en Roma que estos asuntos son importantes, en especial a nivel individual, pero no determinan si una persona es cristiana o si puede estar o no en la iglesia. Era posible ser un cristiano carnívoro, así como era posible ser un cristiano vegetariano, y era posible (o mejor dicho era *bueno*) que ambos estuvieran en la misma iglesia. Pablo animaba a cada persona a seguir su conciencia, a hacer lo que esa persona pensaba que honraba mejor a Jesús según su Palabra, y a amar a los que tenían convicciones distintas sobre ese tipo de asuntos. Leamos la advertencia de Pablo en Romanos14:5-8 con atención:

Uno hace diferencia entre día y día; otro juzga iguales todos los días. Cada uno esté plenamente convencido en su propia mente. El que hace caso del día, lo hace para el Señor; y el que no hace caso del día, para el Señor no lo hace. El que come, para el Señor come, porque da gracias a Dios; y el que no come, para el Señor no come, y da gracias a Dios. Porque ninguno de nosotros vive para sí, y ninguno muere para sí. Pues si vivimos, para el Señor vivimos; y si morimos, para el Señor morimos. Así pues, sea que vivamos, o que muramos, del Señor somos.

En otras palabras, en asuntos en los que los cristianos tienen la libertad de diferir, los creyentes individualmente son libres de hacer lo que crean que honra mejor a Jesús.

Miremos con más detalle, sin embargo. ¿Sabes lo que es realmente interesante en este pasaje? Pablo escribe que es bueno tener *fuertes* convicciones sobre lo que creemos que honra mejor a Jesús, incluso en situaciones en las que discrepamos de otros creyentes. Esto parece contradictorio, ¿verdad? Si la meta en la iglesia en Roma era la unidad, podríamos ver lógico que Pablo ordenara: "No tengan fuertes convicciones en asuntos de desacuerdo". En cambio, escribe justamente lo contrario: "Cada uno esté plenamente convencido en su propia mente"

Plenamente convencido: un estándar muy alto.

Dios nos manda estar convencidos en nuestra propia mente de que lo que estamos haciendo es lo que más le honra a Él. Si eso es abstenerse de ciertos alimentos, que así sea. Si eso es comer ciertos alimentos, que así sea. Ahora bien, podríamos pensar que eso empeora el problema, pero no es así, al menos mientras sigamos el resto de la Palabra de Dios.

Sobre asuntos sobre los que tenemos la libertad de discrepar como seguidores de Jesús, Dios nuestro Padre nos dice que nos amemos unos a otros como si fuéramos familia, con "amor fraternal" (ver Romanos 12:10). Deberíamos "recibirnos" unos a otros y rehusar "menospreciar" o "juzgar" a los demás de manera que no es conforme a la Biblia simplemente porque no estamos de acuerdo en algún asunto que no es esencial. ¿Por qué? Porque "estamos andando conforme al amor" hacia los demás (ver Romanos 14:1-3, 15).

¿Qué significa de forma práctica "andar conforme al amor"? Como mínimo, comienza escuchando activamente y queriendo entenderse el uno al otro. En palabras de Santiago 1:19, deberíamos ser rápidos para oír, lentos para hablar y tardos para airarnos. Este mandato es particularmente apropiado para nosotros en una cultura que nos seduce a compartir nuestros pensamientos y opiniones mediante una pantalla en lugar de mirar a los ojos a nuestro hermano o hermana y escuchar con un espíritu de amor. Una traducción actual de Santiago 1:19 podría ser: "Sean lentos para escribir un *post* o un *tweet*".

Y el simple hecho de escuchar con atención al otro no significa que finalmente vayamos a estar de acuerdo en todo; sin embargo, eso es parte de la belleza de Romanos 14–15, porque nuestros antepasados cristianos no se pusieron de acuerdo tampoco. Tras reconocer diferencias de convicción, Dios les dice a sus hijos que tienen la "obligación" de "soportarse" unos a otros y "agradar al prójimo en lo que es bueno, para edificación". Qué meta tan digna en medio de las discrepancias con los hermanos y las hermanas en Cristo: agradarnos y edificarnos unos a otros.

Seamos sinceros: hay mucho ataque y derribo de unos a otros en estos tiempos, y llegan desde todos los frentes. Demonizamos a quienes discrepan de nosotros, generalizamos de forma insensata y condenamos con ligereza a *esas* personas que creen *esa* locura. En lugar de tener discusiones consideradas y enfocadas en escuchar primero, lanzamos acusaciones como si fueran granadas. En lugar de diálogos con sentido, recurrimos a la ridiculización personal. Hemos dominado el arte de convertir discrepancias saludables en repulsas odiosas, y eso nos deja dañados y divididos. Sin embargo, ese no es el camino de Jesús, y no honra a nuestro Padre.

JESÚS ES QUIEN NOS UNE

A la luz de los desafíos para mantener la unidad, algunos cristianos concluyen que no deberíamos discutir asuntos sobre los que discrepamos, creyendo que tales conversaciones solo provocarán una división mayor.

Pero ¿cómo puede dividirnos un asunto si no es eso lo que nos une?

Como parte de una ilustración que usé una noche durante un tiempo de adoración familiar, mi esposa, mis hijos y yo compartíamos cuáles eran nuestros sabores de helado favoritos. Como podrás imaginar, estábamos apasionados sobre cuál era el sabor favorito de cada uno, pero ¿tendría sentido que evitáramos hablar del tema de los sabores de los helados porque podría llevarnos a una división? No, porque lo que nos hace ser una familia no es que a todos nos guste el mismo sabor de helado.

De modo similar, es posible que los seguidores de Jesús tengan distintas opiniones sobre distintos asuntos y dialoguen sobre esas diferencias, pero aun así seguir siendo una iglesia unida. Sin duda alguna, nuestras opiniones o incluso convicciones más allá de lo que la Biblia enseña de forma clara y directa sobre la raza, la política u otros muchos asuntos es mucho más importante que preferencias de gusto de los helados, pero esas opiniones y convicciones no son lo que nos hace ser una familia. Jesús nos hace ser familia, lo cual significa que, si permitimos que esas opiniones y convicciones nos dividan, entonces les estamos dando más importancia para nosotros que a Jesús mismo.

Los asuntos del segundo y el tercer cubo no pueden dividirnos si Jesús es quien nos une.

Unámonos con alegría, entonces, bajo los brazos de Jesús, y no tengamos miedo a discutir todo tipo de asuntos aunque sean difíciles. Donde podamos tener desacuerdos y división, esforcémonos por amarnos bien unos a otros, como Jesús nos ama. Y, cuando conversemos sobre nuestras posturas con la Palabra de Dios como nuestra autoridad y con la gracia de Dios en nuestro corazón, estemos abiertos a posibles cambios en nuestras perspectivas. Tal vez más importante aún es que estemos abiertos a la sanidad que nuestro corazón, y el corazón de otros, podría necesitar desesperadamente en medio de las discrepancias y la división.

Pienso ahora en respuestas que he escuchado de miembros de nuestra iglesia cuando creamos en su momento maneras para hablar de temas raciales o de justicia. Un hermana asiática-americana me escribió para darme las gracias, diciendo:

> Como académica y científica social que ha estado enseñando e investigando temas relacionados con la raza

por más de quince años en entornos universitarios, me siento muy cómoda teniendo conversaciones sobre la raza y el racismo. Sin embargo, lo que me desanima o me frustra es que, en la iglesia, el lugar (el cuerpo de Cristo) más clave para mi identidad como hija de Dios, parece raro o extraño (o se considera "divisorio") tener esas conversaciones. Por eso me emociona tanto tener esta oportunidad de integrar verdaderamente nuestra fe en el evangelio en torno a asuntos raciales y de justicia.

Un hermano de Latinoamérica compartió que muy a menudo se le silencia cuando intenta tener discusiones genuinas sobre estos asuntos, pero le emocionaba que nuestra iglesia estuviera abordando esta conversación con la Palabra de Dios en el centro. Un miembro de una familia caucásica resumió muy bien la retroalimentación que recibí:

> Me preocupa que los cristianos, en promedio, no tengan las habilidades para tener conversaciones genuinas, amorosas y humildes cuando discrepamos con alguien por un tema personal o emocional. Creo que esta es una destreza que debiéramos desarrollar, y no estamos representando bien a Cristo si no desarrollamos esta habilidad de lidiar con el conflicto y permanecer unidos con aquellos con los que discrepamos.

Sin duda, esto ciertamente parece una habilidad que vale la pena desarrollar en nuestra vida y en la Iglesia.

¿Qué ocurriría entre los cristianos y las iglesias si convirtiéramos en una prioridad el sentarnos a la mesa con hermanas y hermanos en Cristo y discutir en oración temas sobre los que discrepamos en el contexto de relaciones de unidad, con nuestros oídos sintonizados con el Espíritu de Dios mediante la Palabra de Dios? ¿Qué sucedería si pasáramos menos tiempo subiendo *posts*, comentando, escribiendo *tweets* y expresando nuestras opiniones en las redes sociales, y más tiempo escuchando y estando con otras personas que no piensan como nosotros?

ES MOMENTO DE RECUPERAR LA HUMILDAD

Si la unidad en torno a Jesús es nuestra meta y escuchar con atención a los que difieren de nosotros es lo que necesitamos, entonces requeriremos para ello una buena medida de algo que ha perdido popularidad en la sociedad actual: la humildad. A fin de cuentas, ninguno de nosotros lo tiene todo resuelto, y todos tenemos puntos ciegos. ¿Acaso no es sabio, entonces, escuchar a hermanas y hermanos que tienen diferentes convicciones que nosotros y preguntarnos humildemente si hay algo que podamos (o que necesitemos) aprender de ellos?

Con este fin en mente, juntémonos para hacernos preguntas sinceras y honestas entre nosotros, y pongamos mucha intención en evitar suposiciones inútiles o conclusiones injustas acerca de los demás. Resistamos intencionalmente la tentación de juntarnos y atacar las palabras de alguien.

En el tumulto de los dos últimos años, pienso en un claro desacuerdo que tuve con un par de personas que sé que son seguidores de Jesús. Me enojé con ellos y ellos se enojaron conmigo. Por desgracia, me di cuenta de que empecé a hablar a otros de mi frustración con "*esas* personas" que "realmente se creían *esto*" y "tuvieron el valor de hacer *aquello*". Estaba plenamente convencido en mi propia mente, y estaba convenciendo a otros, de que lo que ellos creían no estaba bien y que lo que yo creía era lo correcto.

Pero entonces sucedió algo. Llegué al convencimiento de que teníamos que sentarnos y conversar entre nosotros. Lo hicimos, y al hacer preguntas enseguida me di cuenta de que les había entendido mal, los había descrito mal y no había comunicado bien cuál era su postura. Aunque seguía en desacuerdo con ellos, sabía que no los había escuchado con humildad ni había hablado de ellos de forma apropiada. Me disculpé e hice lo que pude para arreglar las cosas, no solo con ellos sino también con las demás personas a las que había influenciado con respecto a ellos. Y espero que ellos hicieran lo mismo con respecto a mí.

Da miedo ver cuán fácil me resultó aislarme para verdaderamente no ver, entender y recibir a personas con las que discrepaba. No me gusta nada cuando otros me hacen eso mismo, pero yo fui muy veloz en castigarlos en lugar de hacer el esfuerzo de escucharlos con honestidad y responder humildemente a sus convicciones. Admití enseguida mi necesidad de la gracia de Dios para crecer en estos aspectos.

Sin embargo, incluso en medio de conversaciones humildes y sinceras, seguiremos discrepando o no estando de acuerdo en asuntos del segundo o el tercer cubo. Y, cuando estemos lidiando con asuntos del segundo cubo, quizá nos demos cuenta de que lo mejor es ser parte de iglesias distintas, pero aun así podemos seguir relacionándonos unos con otros de una forma muy distinta a la del mundo que nos rodea. Por el poder de la gracia de Dios en nosotros, podemos aprender a aceptar y compartir nuestras diferencias como Dios nos manda en su Palabra: con afecto, compasión, paciencia, amabilidad, gentileza, ternura y generosidad.

Forjar unidad de esa manera no será nada fácil. De hecho, si mi experiencia supone alguna indicación, será *realmente* difícil. Se necesita una fuerte determinación a amarnos unos a otros en la Iglesia de una forma que es totalmente contracultural en nuestra época. Se necesita un compromiso a vivir en paz unos con otros y a protegernos unos a otros a pesar de las apasionadas discrepancias en algunos asuntos. Pero este tipo de unidad entre los creyentes vale la pena. En un mundo que nos desgasta y que constantemente nos golpea desde todos los frentes, todos anhelamos tener hermanos y hermanas que se pongan a nuestro lado como la familia que somos.

YO TE CUBRO LAS ESPALDAS

Cuando estaba en noveno grado, me invitaron a un campamento de básquet de la escuela. Al llegar, enseguida vi que los más veteranos en el campamento recibían por tradición a los novatos de maneras que no eran muy agradables. Recuerdo estar sentado con otro novato en nuestro cuarto y ver entrar por la puerta a un veterano, sacar a mi amigo de la cama, llevarlo al baño, meterle la cabeza en el inodoro, y tirar de la cadena. Mi amigo regresó con una cara de impacto y mojado, totalmente despeinado.

Yo sería el siguiente.

El mismo veterano me agarró por los brazos y se volteó para llevarme al trono de la ceremonia de iniciación. Pero mientras se volteaba, entró otro novato en el cuarto y dijo: "¡Alto! ¡No podemos llevarlo!".

"¿Por qué no?", preguntó el tipo que me tenía agarrado.

El veterano que acababa de entrar dijo: "Es el hermano de Platt".

Verás, yo tenía un arma secreta guardada: mi hermano mayor Steve. Yo era bajito, pero Steve era un gigante. No solo era grande de estatura, sino que también sabía cómo sacarle partido a su tamaño. Era el campeón de lucha de pesos pesados del estado de Georgia, y en el combate por el título levantó y tiró contra la lona a su oponente, que pesaba ciento cincuenta kilos. En nuestra escuela, Steve Platt era una leyenda viva.

El tipo que me estaba agarrando me miró de arriba abajo y dijo: "Este no es el hermano de Platt. ¡Es la pierna izquierda de Platt!".

Fue una valoración justa si comparamos mi tamaño en aquel momento con el de la pierna de Steve. Y no creo que ese tipo dijera eso como un cumplido. Sin embargo, yo estaba orgulloso de ser "la pierna izquierda de Platt" ese día, especialmente cuando el que me llevaba al baño dio un suspiro, me soltó y salió del cuarto.

Esa no fue la única ocasión en que ser familia de Steve me resultó particularmente beneficioso. Un frío día de invierno, me había puesto una valiosa posesión para ir a la escuela: un abrigo nuevo que me había regalado mi abuelo. Lo dejé en la esquina del salón de clase al comenzar el día y regresé al final del día a recogerlo, pero descubrí que no estaba allí. Alguien lo había robado.

Llegó mi papá a recogerme a la escuela, y cuando le dije lo que había ocurrido entró para hablar con el director. Mientras tanto, yo me quedé sentado en un banco afuera de la oficina del director. Steve se dio cuenta de cuán apenado estaba yo y me preguntó qué había sucedido. Se lo conté, y de inmediato respondió: "Déjame ver lo que puedo hacer".

Mientras mi papá hablaba con el director, mi hermano mayor fue a ver a un tipo que era el líder de un grupo conocido por realizar pequeños hurtos. Steve lo tomó aparte y le dijo: "Ha desaparecido el abrigo de mi hermano pequeño, y creo que tú sabes quién puede tenerlo. Quiero ese abrigo a primera hora de la mañana; si no, tú y yo vamos a tener que hablar".

A la mañana siguiente, mientras estaba sentado en mi clase, miré hacia el vestíbulo y vi a Steve caminando por el pasillo. ¿Sabes lo que tenía en sus manos?

Steve se acercó hasta mi pupitre, me entregó el abrigo y me susurró al oído: "David, tienes que saber que, te pase lo que te pase, tu hermano siempre te va a cubrir las espaldas".

Avancemos unos años hasta el momento en que Steve y yo ya estábamos casados y nos fuimos de casa. Yo me fui a vivir lejos, pero Steve todavía vivía cerca de mamá y papá, y nunca olvidaré la noche en que recibí una llamada. Escuché la voz de Steve temblorosa al otro lado del teléfono. Estaba en el hospital, donde nuestro papá, nuestro mejor amigo durante toda nuestra vida, había tenido que ser llevado de urgencia tras un repentino e inesperado ataque al corazón. Steve apenas podía hablar, pero sacó fuerzas de flaqueza para decir: "Papá ha fallecido". Lloramos los dos en el teléfono, y prometimos pasar juntos el duelo que nos esperaba junto a nuestra mamá y el resto de nuestros hermanos.

Para eso está la familia, ¿cierto? Se trata de pasar juntos por un mundo difícil y desgastante. Significa sostenernos el uno al otro y cubrirnos las espaldas. Aunque no se trata de tirar al suelo necesariamente al oponente que tenemos delante, significa ser una figura de protección para el otro en un mundo que constantemente nos derriba.

NO ESTÁS SOLO

Delante de nuestro Padre celestial, querido hermano o hermana en Cristo, deseo con toda sinceridad poder mirarte a los ojos y decir simplemente:

Me maravillo de estar en una familia eterna contigo, y quiero que sepas que yo cubro tus espaldas. No estás solo. Como hermano tuyo, estoy contigo. Aunque no estemos en la misma iglesia local, y aunque no estemos del todo de acuerdo sobre asuntos del segundo y el tercer cubo; de hecho, diría que especialmente si estamos en distintas iglesias con claros desacuerdos, sigo estando aquí para lo que necesites. Te amo de corazón.

Al mismo tiempo, quiero confesar de forma sincera y humilde mi necesidad de que tú me mires a los ojos y me digas lo mismo como hermano tuyo en Cristo. Dios nos ha hecho para necesitar, para querer y para experimentar una familia espiritual como ésta. Como seguidores de Jesús, estamos juntos por un linaje sobrenatural que supera los trasfondos étnicos, las situaciones socioeconómicas, los partidos y las posturas políticas, y las preferencias y opiniones personales.

A pesar de todas nuestras diferencias, somos *una familia* en Cristo.

Nuestra familia no es fundamentalmente afroamericana, asiática-americana, europea-americana, hispanoamericana, nativa-americana o incluso americana. Nuestra familia no es fundamentalmente rica o pobre. Nuestra familia no es fundamentalmente republicana, demócrata o independiente. Ninguna de estas cosas es causa de división entre nosotros porque nuestra familia es fundamentalmente cristiana. Somos un linaje escogido, un real sacerdocio, una nación santa y un pueblo adquirido por Dios mismo. En el evangelio bíblico hemos sido absueltos de pecado delante de Dios el Juez y hemos sido adoptados como hijos e hijas por Dios el Padre. Y, si comprendemos todo eso y lo recordamos constantemente, experimentaremos una sanidad muy necesaria no solo en la Iglesia sino también en nuestras vidas.

2

SEGUIR A CRISTO EN MULTICOLOR

Abrazar la belleza de la etnicidad

Recuerdo mi primera cita con Heather como si fuera ayer.

El parque Stone Mountain, situado solamente a diez minutos del hogar de mi infancia, es la exposición de piedra de granito más grande del mundo: Stone Mountain [La montaña de piedra]. Tiene aproximadamente 520 metros de altura y una circunferencia de 8 kilómetros. Es el lugar turístico más visitado del estado de Georgia.

Cada noche de verano, el parque alberga un espectáculo de luces láser. En las horas anteriores al anochecer, miles de campistas ponen sus sillas y despliegan sus mantas en el suelo en la base de la montaña. Cuando se pone el sol y comienzan a aparecer las primeras estrellas, irrumpe la música en los altavoces y luces multicolores de láser aparecen sobre la falda de la montaña donde se pueden ver esculpidos a tres soldados a caballo de un tamaño de nueve pisos de altura y diecinueve de anchura. Es la obra de arte esculpida en piedra de su clase más grande del mundo.

El parque Stone Mountain fue el lugar de mi primera cita cuando estaba en la secundaria. Recostados en el césped en un mar de personas, con nuestra vista en la ladera de esa montaña, le di la mano a Heather por primera vez, y el resto es historia.

Sin embargo, qué giro tan irónico.

A pesar de toda la historia personal que se estaba cociendo aquella noche en el césped frente a Stone Mountain, me estaba perdiendo por completo la historia más amplia que se conmemoraba en la roca que tenía delante de mí. A lo largo de los años había visto el espectáculo de luces láser y había escalado a pie hasta la cima de esa montaña de granito más veces de las que podría contar. Esta montaña servía como telón de fondo para muchas horas de mi vida y, sin embargo, no recuerdo detenerme nunca para preguntarme de qué se trataba todo eso. Si lo hubiera hecho, habría descubierto que esta montaña, y la talla que tiene en su ladera, había sido establecida como un gran monumento al racismo.

Antes propiedad de los líderes del Ku Klux Klan, el parque Stone Mountain estaba considerado como "*el* lugar sagrado para los miembros del... Klan".[2] Años antes de sentarme en la base de esa montaña, personas ponían sus altares en la cima, los cubrían con banderas confederadas, leían la Biblia y quemaban cruces. Establecieron este lugar como un memorial para la lucha por los derechos de los blancos para poseer esclavos de color. Por eso, los tres soldados esculpidos en un relieve masivo en la montaña son personajes confederados: Jefferson Davis, el presidente de los Estados Confederados, Robert E. Lee y Stonewall Jackson, generales del ejército confederado.

La principal planificadora y patrocinadora de la escultura en relieve, C. Helen Plane, era miembro fundador de las Hijas Unidas de la Confederación. En una carta al escultor, que también era miembro del Klan, Plane dejó claras sus intenciones. "Siento que es obligación del Klan, el cual nos salvó del dominio negro y los aventureros oportunistas, que esto quede inmortalizado en Stone Mountain".[3] El apoyo para la escultura de granito aumentó con el surgimiento del movimiento por los derechos civiles, y el parque Stone Mountain abrió oficialmente el 14 de abril de 1965, cien años desde el día después del asesinato de Abraham Lincoln.[4]

Ahora bien, ¿reduce algo de esta historia el amor que comenzó a crecer esa noche en la que por primera vez agarré la mano de mi esposa? No, claro que no. ¿Soy culpable de algún modo de haber participado en el Ku Klux Klan? No, no lo soy. Es más, ¿soy culpable de poseer esclavos a mediados de la década de 1700, luchar por la esclavitud a mitad de la década de 1800, u oponerme a los derechos civiles a mediados de la década de 1900? No.

Sin embargo, ¿soy responsable de conocer la historia del racismo en América, de comprender cómo se enclaustró en los lugares que me rodean, de saber cómo influye en las personas en mi país, y de asegurarme de no repetir o preservar los dañinos efectos del pasado, especialmente en la Iglesia? Sí, lo soy. Y, durante la mayor parte de mi vida, no he administrado bien esta responsabilidad como debería haberlo hecho.

Crecí yendo *al* lugar Sagrado del Ku Klux Klan. Nadie me dijo eso (al menos que yo recuerde), y nunca me tomé el tiempo de aprenderlo. Tras graduarme de la escuela, comencé a viajar por el sur de los Estados Unidos predicando en iglesias, y finalmente sirviendo en posiciones ministeriales importantes. Casi todas las personas a las que ministraba y los ministros con los que servía eran blancos, y nunca me tomé el tiempo de pensar por qué. Como explicaré más en las páginas siguientes, todos esos años no solo era ignorante de la división racial del pasado, sino que estaba contribuyendo a preservarla en el presente.

Y no creo que esté solo en esto.

A lo largo de la historia de los Estados Unidos, y todavía en la actualidad, cristianos profesos han perpetuado la división racial en nuestro país, llevando *al cuerpo de Cristo* a convertirse y seguir siendo una de las instituciones más segregadas de la sociedad americana. Esto debe cambiar, y vivir según el evangelio bíblico hace que ese cambio sea posible.

Ya es hora de dejar atrás un evangelio americano que ha cultivado la propiedad y la tortura de esclavos a manos de amos "cristianos", el linchamiento y asesinato de personas junto a la quema de cruces "cristianas", la falta de apoyo a los derechos civiles o incluso el reconocimiento de las disparidades raciales entre líderes "cristianos", y la actual continuación de la división racial en las iglesias "cristianas". Durante siglos, el evangelio americano ha favorecido y ha conducido a la prosperidad de personas de un color, específicamente mi color, a expensas de otro. El evangelio bíblico nos llama a todos en este momento a hacer nuestra parte para derribar los muros de división y crear un cuadro más hermoso de la Iglesia que el que hemos experimentado en nuestra historia.

ARROJAR PALABRAS COMO SI FUERAN PIEDRAS

Antes de seguir avanzando, siento que necesito hacer un millón de advertencias y añadir otro millón de descargos de responsabilidad. Tratar temas de raza o etnia es como caminar por un campo de minas emocional, intelectual, espiritual, y extremadamente personal. No conozco a todas las personas que leerán este libro, pero sí sé que todos cargamos con nuestras propias perspectivas y experiencias. Sobre este asunto, prácticamente diga lo que diga es muy probable que ofenda a alguien. Me doy cuenta de que algunos de ustedes ya se han ofendido por diferenciar entre personas por el color de su piel.

Mi intención no es ofender (a menos que la ofensa venga directamente de la Palabra de Dios, la cual, como veremos en el siguiente capítulo, es el mejor tipo de ofensa). Mi deseo sincero es explorar cómo el evangelio bíblico transforma radicalmente nuestro entendimiento de la raza y la etnia, particularmente en la iglesia americana, aunque también en todo el mundo, y compartir cómo todos nosotros necesitamos desesperadamente esta transformación, yo mismo incluido.

También debería añadir que el tema de este capítulo está enfocado en las desigualdades históricas y actuales entre personas blancas y de color en nuestro país y la división en la Iglesia. Pero, como mencioné, nuestra iglesia tiene personas provenientes de más de cien países distintos, y no quiero en modo alguno minimizar los desafíos tan concretos que experimentan nuestras hermanas y hermanos hispanos, asiáticos, nativo-americanos, o cualquier otro en nuestro país y en la Iglesia. Espero que, al tratar con el evangelio las claras desigualdades entre personas blancas y de color, podamos ver su poder para vencer los desafíos que tienen las personas de cada una de estas etnias.

Sé por experiencia propia que en el mismo minuto en que hables o escribas sobre asuntos de raza o etnia, alguien en las redes sociales, en los bancos de la iglesia o en tus círculos sociales es probable que te lance etiquetas como si fueran piedras. Y la gente por lo general no lanza piedras a menos que quieran hacer daño. No intentaré defenderme, pero diré que me duele ver a personas que conozco, que honran a Dios, que aman el evangelio, y que se les ha etiquetado calumniosamente como "progresistas *woke*" (a favor de la justicia social) o "marxistas culturales" (por ej., asemejándolos al autor del manifiesto comunista) de formas que desafían la lógica, denigran a individuos, familias e iglesias, y causan un daño real.

Además, comprendamos que las tácticas de etiquetar como esta no son algo nuevo y han demostrado ser dañinas a lo largo de la historia. En la dedicación de un nuevo edificio en 1850 "para la instrucción religiosa de las personas de color", el destacado líder cristiano y defensor de la esclavitud James Thornwell dio un sermón "ante una gran asamblea de ciudadanos inteligentes y respetados de Charleston" (por ej., dueños de esclavos del Sur que confesaban ser cristianos).[5] Él expresó el sentimiento popular en la Iglesia de que esas personas que trabajaban por la justicia racial (específicamente la libertad de los esclavos) eran "socialistas" y "comunistas". Piensa en sus palabras que después fueron publicadas para una distribución masiva:

> Estas son las grandes preguntas que están sacudiendo tronos, agitando a las masas como un terremoto, y haciendo temblar los sólidos pilares de esta Unión. Las partes en este conflicto no son meramente abolicionistas y dueños de esclavos, sino ateos, socialistas, comunistas, republicanos rojos [el partido antiesclavitud de esa época], jacobinos, por un lado, y los amigos del orden y la

libertad regulada por el otro. En una palabra, el mundo es el campo de batalla, el cristianismo y el ateísmo los combatientes, y el progreso de la humanidad lo que está en juego.[6]

En otras palabras, este líder cristiano estaba diciendo que los hombres y las mujeres que trabajaban por la justicia racial estaban destruyendo los fundamentos de la sociedad americana y oponiéndose al evangelio en el corazón del cristianismo. ¿Te suena familiar?

Un siglo después, vemos líderes de iglesias similares etiquetando a Martin Luther King, Jr., y a otros activistas por los derechos humanos (incluyendo pastores), como "comunista", "socialista" y "marxista". El Dr. Morton Smith, que después se convertiría en clérigo de la Iglesia Presbiteriana de América, criticó un artículo escrito por un ministro presbiteriano colega suyo sobre la oposición bíblica a la segregación, al decir:

La razón por la que tantas personas ven una influencia comunista en el movimiento actual es que la meta parece ser la misma que la de la filosofía marxista, es decir, nivelar a todos en una uniformidad común. Incluso si el movimiento afroamericano en los Estados Unidos no comenzó ni recibió apoyo del Partido Comunista al principio, ciertamente beneficia a los comunistas, especialmente cuando se puede fomentar la desobediencia civil y amenazar la ley y el orden de una ciudad, estado o nación. Si se produce el desorden suficiente, los comunistas u otros tiranos pueden aprovechar la situación y tomar el control de nuestra nación.[7]

No es extraño oír etiquetas similares procedentes de cristianos y de líderes de iglesias siempre que surge hoy día el tema de la justicia racial. Ante estas tácticas de toda la vida, hagamos lo que ha hecho el pueblo de Dios a lo largo de la historia y abramos humildemente la Palabra de Dios para ver lo que tiene que decir. Si lo hacemos, descubriremos que la guía de Dios a través del evangelio es más que suficiente para ayudarnos a avanzar hacia un futuro distinto.

RAZA Y DALTONISMO EN LA BIBLIA

Como asunto fundamental, Dios nunca define en su Palabra distintas "razas" según el tono de la piel, la textura del cabello, u otros rasgos físicos como hacemos nosotros en la cultura contemporánea. En cambio, Dios crea a todas las personas de manera maravillosa e igual a su imagen como *una sola raza*.

Eso no quiere decir que las personas no son distintas según Dios. La Biblia enseña que, aunque unidos en nuestra humanidad, somos diversos en nuestra apariencia, lenguaje y etnia. Tras la caída del hombre y el diluvio del mundo, la Biblia describe varios clanes que habitaban en tierras lejanas y naciones separadas hablando en sus propios lenguajes. Grupos étnicos diversos con distintos atributos físicos y distintos patrones sociales emergen en el panorama humano, cada uno mostrando una extraordinaria diversidad a la vez que comparten una unidad básica y hermosa como portadores de la imagen de Dios.

Esta realidad bíblica es la razón por la que deberíamos tener cuidado de no ignorar o intentar borrar nuestras diferencias étnicas. Cuando Pablo escribió en Gálatas 3:28: *Ya no hay judío ni griego; no hay esclavo ni libre; no hay varón ni mujer; porque todos vosotros sois uno en Cristo Jesús*, no estaba diciendo: "No existe ni el judío ni el griego; en Cristo, su herencia es una reliquia del pasado". Tampoco quería decir: "No existen ni hombres ni mujeres; en Cristo, su género ya no es significativo, o ni siquiera existe". Más bien, Pablo enseñó que estamos unidos en Cristo y que nadie es más valioso que nadie. Ningún judío es más valioso que un griego (o viceversa), y ningún hombre es más valioso que cualquier mujer (o viceversa). Sin duda, es nuestra obligación bíblica ver nuestra diversidad como Dios la ve: como un rasgo impactante de su creatividad que exalta su gloria como nuestro Creador.

Ciertamente, alguno dirá: "Pero yo soy daltónico. Decido no ver el color en las personas, y así es como todos deberíamos ser". A fin de cuentas, Martin Luther King, Jr. soñó con un futuro en el que las personas eran juzgadas "por el contenido de su carácter, y no por el color de su piel". ¿Correcto? Podríamos entonces concluir que ser "daltónico" es bueno.

Pero otros escuchan las afirmaciones sobre ser daltónico y dicen: "¿Por qué escoges ignorar parte de que quién soy, de dónde vengo, o de cómo la etnia y la historia de mi familia me han afectado, particularmente a la luz del hecho de que he sido afectado de formas significativas *debido* a esas cosas?". Los llamados al daltonismo pueden entenderse como intentos de minimizar una parte importante de la herencia y la composición de alguien.

Además, al fomentar el "daltonismo" corremos el riesgo de disminuir la creatividad de Dios en la creación y malentender la forma en que Él nos ve. Sí, Dios ve nuestro corazón, y en lo más hondo, todos somos creados de forma igual y maravillosa a su imagen. Pero bíblicamente, parece como si Dios viera a distintas personas con colores diferentes de trasfondos distintos con historias distintas.

Es interesante que, incluso en el cielo, no todos vamos a tener el mismo aspecto. Según Apocalipsis 7:9-10:

> *Después de esto miré, y he aquí una gran multitud, la cual*
> *nadie podía contar, de todas naciones y tribus y pueblos y*
> *lenguas, que estaban delante del trono y en la presencia*
> *del Cordero, vestidos de ropas blancas, y con palmas en*
> *las manos; y clamaban a gran voz, diciendo: La salvación*
> *pertenece a nuestro Dios que está sentado en el trono, y al*
> *Cordero.*

Por toda la eternidad, nuestra diversidad estará plenamente presente, incluso al experimentar una mayor unidad de la que hayamos tenido jamás en la tierra.

PREDISPOSICIÓN AL PREJUICIO

La desafortunada realidad es que, como personas pecadoras que viven en un mundo caído (lugar en el que estamos todos, por cierto), estamos predispuestas a mostrar parcialidad y prejuicios hacia quienes no son como nosotros o comparten nuestra historia. Este pecaminoso sentido de orgullo en nosotros mismos y en otros como nosotros ha llevado a los seres humanos a rechazar nuestra dignidad común como una raza humana y a clasificar las razas según características arbitrarias como el tono de la piel, la textura del cabello, los rasgos faciales y corporales, la clase, la casta, la geografía, los ancestros, o el lenguaje. Después, conscientes o no, las personas asignan supuestos valores y ventajas claras (una jerarquía) a distintos grupos sobre la base de estas características.

En el proceso de negar las raíces compartidas en la raza humana al trazar y sostener una jerarquía de distintas razas, lo cual va directamente en contra de la Palabra de Dios, las personas cometemos el pecado del *racismo: valorar o restar valor a una raza (según nuestra clasificación) por encima o por debajo de otra.*

Expresiones de racismo incluyen pensamientos, sentimientos, palabras, acciones, expectativas, relaciones, leyes, políticas, procedimientos, sistemas y estructuras que valoran una raza por encima de otra.

Uso la frase "expresiones de racismo" intencionalmente porque tenemos ideas en conflicto sobre cómo usar la etiqueta de "racista". Las personas acusan (a menudo en un tono muy condenatorio) a otros de ser racistas, a lo que la persona acusada responderá (a menudo en un tono defensivo o indignado) que él o ella no lo es. Muchas personas, cuando escuchan la palabra "racista", inmediatamente piensan en el Ku Klux Klan o en alguien que apoya las leyes de Jim Crow (políticas de segregación racial). Por lo tanto, como rechazan estas conductas, concluyen: "Yo definitivamente no soy racista".

Según esta medida, cada seguidor de Jesús que conozco diría que no es "racista". Sin embargo, eximirnos de inmediato de conversaciones sobre el racismo no solo muestra falta de respeto a hermanos y hermanas que están dolidos, sino que también cierra el tipo de introspección que nuestra familia diversa en la Iglesia tanto necesita para sanar y crecer, particularmente aquí en los Estados Unidos. La Escritura enseña que *nadie* es inmune a *ningún* pecado en nuestro corazón, incluyendo el orgullo, el prejuicio y la parcialidad, los pecados que son las raíces de expresiones de racismo.

En lugar de discutir por quién es y no es racista, reconozcamos que las expresiones de racismo son posibles en cada uno de nosotros. Como cualquier otro pecado, estas expresiones podrían ser evidentes o estar ocultas. Podrían ser constantes o pasajeras. Podrían ser intencionales o sin intencionalidad. Podrían estar presentes en un individuo o un grupo. Al margen de todo esto, la Biblia, que define la realidad suprema, enseña que las personas pecadoras tienden al orgullo, la parcialidad y el prejuicio, lo cual puede manifestarse por medio de distintas expresiones de racismo en nuestras actitudes y acciones.

JUSTIFICAR LO INJUSTIFICABLE

Las expresiones de racismo inundan nuestra historia como seres humanos, de varias formas horribles. Pensemos en el Holocausto en Alemania, la masacre armenia en Turquía, el genocidio en Ruanda, la matanza japonesa de coreanos, chinos, indo-chinos, indonesios y filipinos, y la actual persecución del pueblo uigur en China y de los musulmanes rohinyás en Birmania. Cada una de estas expresiones de racismo tuvo o tiene sus raíces en la idea de que una raza es superior o inferior a otra.

Tristemente, nuestro país no está exento de estos horrores, lo cual es evidente por las masacres históricas de los pueblos nativos americanos y la esclavitud de los africanos. A estos horrores deberíamos añadir, entre otros fracasos étnicos basados en conceptos no bíblicos sobre la raza, el confinamiento de ciudadanos japoneses, la discriminación contra los inmigrantes irlandeses, y la imposición de las leyes segregacionistas de Jim Crow.

Por mucho que nos gustaría distanciarnos de la mancha del racismo en la historia, para asegurarnos de no repetir la misma conducta tenemos que reconocer al menos que no somos inmunes a las tentaciones que la produjeron. Está claro que ninguno de nosotros es culpable de enviar a judíos a un campo de concentración por pensar que el pueblo judío debe ser exterminado. De igual modo, ninguno es culpable de vender, abusar y golpear a un esclavo africano por pensar que es una persona de menor valor innato. Sin embargo, nuestra pecaminosidad dominante significa que el orgullo personal y los prejuicios étnicos son una posibilidad presente en todos nosotros. Según Santiago 4, todos tenemos la inclinación al orgullo ante Dios y prejuicios hacia los demás que nos llevan a tener egoísmo, celos, peleas, riñas y codicias. Todos enfrentamos la tentación de preferir a personas que son como nosotros en color, cultura, herencia, historia, o estatus social. Y la Biblia muestra que esas tentaciones pueden conducirnos a ignorar, evitar, denigrar, desatender y maltratar a personas que simplemente no son como nosotros. ¿Recuerdas la parábola del Buen Samaritano en Lucas 10 y las advertencias en contra del favoritismo en la Iglesia en Santiago 2?

Lo que podría ser más peligroso es que incluso tengamos la inclinación a usar la Biblia para apoyar y justificar nuestro orgullo, parcialidad y prejuicio. Encontramos una aterradora evidencia de ello en las bien documentadas discusiones entre cristianos americanos (incluyendo líderes de iglesias notables y bien respetados) del siglo XIX a favor de la esclavitud basada en la raza, una práctica que representó una negación fundamental de la dignidad humana, un abuso total de la Palabra de Dios, y una distorsión reprensible del carácter de Dios. A lo largo de los siglos, los cristianos han usado la Biblia para justificar el tráfico humano, la tortura física y la denigración impía de personas creadas a imagen de Dios. Seríamos unos necios si pensáramos que nosotros no somos susceptibles de abusar de la Escritura de maneras similares.

CONTINÚA LA DESIGUALDAD

Sin embargo, aunque nuestro corazón fuera completamente puro, que no lo será nunca a este lado del cielo, vivimos en un país donde distintas personas continúan experimentando distintos beneficios o cargas teniendo como base su color de piel.

Por fortuna, por la gracia de Dios y la acción de hombres y mujeres piadosos, la esclavitud racial fue abolida y se aprobó legislar los derechos civiles. Sin embargo, unas estadísticas innegables demuestran que todavía existen claras desigualdades raciales.

Consideremos estos hechos específicamente concernientes a los afroamericanos y los blancos:

+ Todavía hay aproximadamente dos personas de color sin empleo por cada persona blanca en desempleo, una ratio que se ha mantenido constante en los últimos 50 años.[8]

+ Los hogares afroamericanos ganan aproximadamente la mitad de lo que ganan los hogares blancos (y poseen alrededor del 15-20 por ciento de la riqueza neta) en una brecha salarial que ha aumentado en las últimas décadas.[9]

+ Los bebés de color mueren a un índice de más del doble de los bebés blancos.[10]

+ Es tres o cuatro veces más probable que las madres de color mueran al dar a luz que las madres blancas.[11]

+ Es trece veces más probable que jóvenes varones de color sean asesinados que los varones jóvenes blancos.[12]

+ Es siete veces más probable que los afroamericanos inocentes sean condenados erróneamente de asesinato que los americanos blancos inocentes.[13]

+ Es sustancialmente más probable que los blancos americanos consigan una educación de calidad que los afroamericanos, que tengan un empleo bien pagado y que vivan en un vecindario más adinerado y con menos delincuencia.[14]

Estos datos llaman a más advertencias. Las estadísticas anteriores dibujan un cuadro a brocha gorda, y lo último que quiero hacer es equiparar "de color" con "pobreza y sin educación académica". De modo similar, no quiero hablar mal o quitar el poder a mis hermanos y hermanas de color en modo alguno. Tampoco quiero extender un manto de culpabilidad sobre todas las personas de raza blanca. Además, obviamente solo he referenciado desigualdades entre personas blancas y de color en general, excluyendo a otros grupos como los asiático-americanos, los nativos americanos, los latinoamericanos o los de las islas del Pacífico. Por último, ni siquiera estoy diciendo *por qué* existen estas desigualdades, porque sé que tenemos distintas perspectivas sobre las razones que hay detrás de estas realidades.

Sin embargo, considerando todas las advertencias anteriores, estas estadísticas conducen a una conclusión impactantemente clara. Aunque ninguno de nosotros quisiera que el color de la piel tuviera importancia en los Estados Unidos, la verdad es que importa, y no solo importa en nuestro país, sino que también importa en la Iglesia.

En medio de las desigualdades raciales generalizadas, la Iglesia misma se mantiene dividida por el color de la piel, y específicamente por el color blanco y negro. Al entrar en el siglo XXI, más del 95 por ciento de los americanos blancos asistía a iglesias predominantemente de blancos, y más del 9 por ciento de los americanos de color asistía a iglesias predominantemente de personas de color,[15] una división que existía desde la esclavitud y la subsiguiente discriminación que mostraron las iglesias de blancos hacia los cristianos de color después de la Guerra Civil. Se ha conseguido progresar un poco en las últimas dos décadas en cuanto a integrar congregaciones, pero hace solo un par de años, solo el 16 por ciento de las iglesias se consideraban multirraciales. Y, en estos dos últimos años, estas iglesias (incluyendo la que tengo el privilegio de pastorear) han experimentado retos importantes para mantener su composición multirracial.[16]

¿Estamos entendiendo esto? Desde la esclavitud, la iglesia estadounidense no solo ha fallado a la hora de eliminar las divisiones raciales en nuestro país, sino que cuando nos reunimos cada domingo para adorar a Dios, de hecho, estamos agrandando esa división. Por mucho que quisiéramos creer que la Iglesia es una fuerza para contrarrestar la división racial, a lo largo de nuestra historia lo único que hemos hecho ha sido perpetuarla, y lo seguimos haciendo en la actualidad.

Claro que el pueblo de Dios no debería estar cómodo con las desigualdades raciales explícitas y la actual división racial en la Iglesia. ¿No deberíamos al menos hacer una pausa y preguntarnos seriamente: "¿Por qué existen aún las desigualdades raciales en nuestro país y la división racial en la Iglesia?". Confío en que todos aborrezcamos el racismo, la esclavitud y las leyes de segregación de nuestra historia. ¿Cómo podemos entonces estar contentos cuando tantas iglesias, seminarios, organizaciones misioneras y conferencias cristianas hoy día se asemejan a cápsulas del tiempo que preservan los efectos divisorios del pasado?

EL PECADO VIENE EN SERIE

Siento tensión personal incluso al plantear estas preguntas porque yo mismo he ignorado muchas veces las desigualdades raciales en mi país. Además, lamento que por tanto tiempo en mi vida haya demostrado estar muy contento con la división racial en la Iglesia.

Crecí en un vecindario, asistí a escuelas y fui miembro de una iglesia donde casi todos tenían la piel blanca, como la mía. En la escuela, uno de nuestros vecinos blancos puso su casa en venta y la compró una familia de color. Se extendió la noticia de que, debido a ello, el valor de las casas se iba a devaluar y la gente empezó a mudarse a otros barrios. Yo era bastante joven, claro, pero nunca pensé en cuestionar por qué iba a ser así. La discriminación y la segregación venían en serie en mi mundo. (Y para que no pensemos que la segregación residencial es una reliquia del pasado, el grado de segregación de este tipo entre personas blancas y de color en los Estados Unidos ha seguido aumentando, y no solo en el Sur).[17]

Cuando fui a la universidad, me involucré en una fraternidad exclusivamente blanca y en un ministerio cristiano del campus exclusivamente de blancos. Después de la universidad, asistí a un seminario para formación teológica casi exclusivamente blanco donde casi todos los profesores que tuve y casi todos los autores que leí eran blancos. El seminario estaba ubicado en los límites de la ciudad de Nueva Orleans, donde más de la mitad de la población es de color, y decir que el seminario no reflejaba la diversidad de la comunidad o incluso de la región sería quedarme muy corto.

Durante mis cinco años en el seminario, viajé por el sureste de los Estados Unidos predicando en distintas iglesias casi cada fin de semana. En todas las iglesias que visité y prediqué por Luisiana, Misisipi, Alabama, Georgia, Tennessee y Florida, casi cada persona que asistía a los servicios era de raza blanca. Las personas con otro color de piel obviamente vivían en cada una de esas ciudades, pero nunca se me ocurrió hacerme la pregunta: "¿Por qué es tan difícil encontrar personas que no sean blancas asistiendo a estas iglesias?".

Después del seminario, me mudé a Birmingham, Alabama, una ciudad cuyo nombre es sinónimo del movimiento por los derechos civiles. Adquirió el sobrenombre de Bombingham en la década de 1950 debido a miles de explosiones de dinamita que se usaron para amenazar a los afroamericanos y a los que trabajaban por la desegregación racial. Uno de esos bombardeos ocurrió en una infame mañana de domingo en una iglesia del centro de la ciudad, con el resultado de la muerte de cuatro muchachas jóvenes afroamericanas. Me encantó la ciudad de Birmingham y la iglesia que pastoreé allí; sin embargo, cuando llegué asistían muy pocos afroamericanos a la iglesia que yo pastoreaba, y lo mismo ocurrió cuando la dejé. Tristemente, tardaría años en preguntarme por qué sucedía eso.

Después de pastorear en Birmingham, pasé a liderar el Consejo Internacional de Misiones (IMB, por sus siglas en inglés) de la Convención Bautista del Sur (SBC, por sus siglas en inglés). El IMB es la organización de apoyo misionero más grande de su categoría en todo el mundo. La historia del IMB y la SBC está marcada por el racismo, ya que ambas instituciones se formaron para apoyar la esclavitud. Cada día, mientras manejaba hasta mi oficina en las oficinas centrales del IMB en Richmond, Virginia, la antigua capital de la confederación, me encontraba mirando por Monument Avenue, una calle que en ese tiempo estaba llena de estatuas conmemorativas de los líderes confederados. ¿Me pregunté alguna vez por qué debería sentirme bien ante todo eso? No. Y ¿cuánto tiempo tardé en reconocer que, de los 4900 misioneros que servían en el IMB, solo el 27 por ciento eran de color, a duras penas la mitad de un uno por ciento? Demasiado tiempo. Como resultado, ese porcentaje no aumentó durante mi permanencia en el cargo de cuatro años.

¿Qué dicen estas historias y estadísticas acerca de mí? Bueno, al menos esto: cuando hablo de un contentamiento no saludable con la división racial en la Iglesia, estoy abordando y confesando impiedad en mi propia vida.

ESCUCHAR ES APRENDER

Mi mente, mi corazón y mi vida comenzaron a cambiar por la gracia de Dios, lo que quiere decir que no fue por nada que yo hubiera hecho. Simplemente me mudé a otra iglesia, la iglesia de la que soy pastor mientras escribo este libro. Como he mencionado, es una iglesia de hermanos y hermanas provenientes de muchos países distintos, todos unidos en la bondad de Dios. Esparcidos por toda la zona urbana de Washington D.C., tenemos miembros de seis continentes que representan a cada color de piel. Nuestras reuniones de adoración se traducen en vivo cada semana al español, el coreano y el chino mandarín.

Me encanta compartir la vida y el liderazgo con hermanos y hermanas que tienen trasfondos, experiencias y perspectivas muy distintas a las mías. Para ser claro, no digo que la única manera de aprender la verdad de Dios en cuanto a la diversidad sea exponiéndonos a tales diferencias. Tan solo porque he pasado tiempo en casi todas las iglesias y ministerios de blancos, fui a un seminario casi exclusivamente de blancos, y casi todo lo que he leído ha sido de autores blancos, no significa que no pudiera conocer a Dios o su Palabra. Sin embargo, conocer a personas de todo el mundo y compartir una comunidad cercana con ellos en la iglesia donde sirvo me ha cambiado. He aprendido mucho acerca de Dios, de mí mismo, de la Iglesia y del mundo que me rodea.

Por ejemplo, he aprendido más sobre las dificultades, los retos y los sacrificios que experimentan las personas de otros colores en la comunidad cristiana multiétnica. Cuando encuestamos a un gran grupo de nuestros miembros sobre los desafíos que experimentaron en nuestra iglesia multiétnica, el 88 por ciento de los miembros blancos dijeron que *ellos no* experimentaron desafíos. Solo para asegurarnos de que esa cifra era correcta, casi nueve de cada diez miembros blancos de la iglesia básicamente dijeron: "Sin problemas". Por el contrario, el 97 por ciento de los miembros de color dijeron que *ellos sí habían* experimentado al menos un desafío, y al menos el 50 por ciento de los miembros asiáticos, latinos y nativos americanos expresaron lo mismo.

Leamos algunos de los comentarios que entregaron los miembros de nuestra iglesia:

Un miembro de color escribió: "Me siento invisible en nuestra iglesia. Desearía que otros supieran cómo el hecho de que los demás te vean como inferior por tu color de piel afecta el modo en que tú mismo te ves. Y cuán difícil es tener que luchar contra tu propia mente en este entorno [multiétnico]".

Un miembro latino compartió: "Siento que tengo que esforzarme más a veces para no parecer intimidante y para parecer más educado que otra persona, a fin de que las demás personas me acepten".

Una hermana de color que llegó recientemente a nuestra iglesia dijo: "En el pasado, durante tanto tiempo sentí que en pequeños grupos nadie me escuchaba ni me veía, que llegué a creer que tenía que cambiar y ser como todas las muchachas blancas para poder estar en su grupito y que me pidiera salir con ellas". Siguió diciendo: "Me duele cuando las personas de otro color de piel invalidan mis experiencias cuando las comparto".

Un hermano asiático-americano escribió: "A veces me pregunto en nuestra iglesia si las personas que me rodean verdaderamente me aceptan por quien soy".

Una mujer asiático-americana que ha sido miembro de nuestra iglesia durante décadas dijo: "Nuestra iglesia representa la actual división, es decir, el gobierno de la mayoría. Aprende a vivir con ello, resuélvelo o lidia con ello".

Otro hombre asiático-americano dijo: "Yo he llegado a aceptar el hecho de que soy un huésped en la iglesia, que realmente no estoy en casa".

Esa última frase, "que realmente no estoy en casa", hace eco con la experiencia de uno de nuestros pastores, que es afroamericano. Él lo dijo de este modo:

Con frecuencia, las personas de color son bienvenidas en iglesias con predominio de personas blancas. La gente es amable. Nos invitan a involucrarnos, y en general suele ser una buena experiencia. Pero, incluso cuando es una buena experiencia, a menudo perdura este sentimiento subyacente de que estoy en la casa, pero no es mi hogar. Es como una pensión. Puedo comer en la mesa. Puedo usar todos los servicios. Incluso tengo una cama y un cuarto; sin embargo, el menú ya está predeterminado. No hay fotografías mías en la pared. No puedo reordenar los muebles y cambiar el color de las paredes. Soy un huésped bien recibido.

Él siguió explicando que las cosas sencillas como la forma de orar, las normas culturales que adoptamos o la música de adoración que cantamos alimentan este sentimiento de no estar en casa. Pero eso no es todo. Él continúa:

La realidad de que somos huéspedes bien recibidos se hace más clara y dolorosa cuando intentamos hablar de asuntos de justicia. Muchas veces, parece que nuestra presencia es bienvenida, pero no nuestras perspectivas o prioridades.

Dibujaría un cuadro incompleto si no compartiera también perspectivas de hermanos y hermanas de raza blanca de nuestra iglesia:

> Un hermano blanco compartió: "A veces siento que se supone que debo sentirme incómodo, culpable o avergonzado por ser blanco, y que otros no quieren relacionarse conmigo".

> De modo similar, otra hermana blanca dijo: "Con todo lo que ha ocurrido en nuestro país en los últimos años, a veces tengo miedo de que mis amigos de color solo finjan que les caigo bien o que me juzguen de antemano solo por el hecho de que soy una mujer mayor blanca. Es especialmente duro cuando voy a casa de algunos amigos y tienen el libro *White Fragility* [Fragilidad blanca] en el salón. ¿En realidad me ven a mí, o ven alguna idea preconcebida de mí?

> Es interesante que una mujer blanca que está casada con un hombre de color dijo: "Sin lugar a duda, la unidad en nuestra iglesia está basada en términos de blancos".

Entiendo que estas citas sean anecdóticas, pero para mí demuestran el daño profundo que causó el evangelio actual en lo tocante a la raza y la etnia. Y, como hemos esperado tanto para tratar estos temas, forjar una comunidad cristiana multiétnica en América será extremadamente difícil. Será un lío, pero será hermoso.

Mientras escribo este capítulo, estuve en una reunión con líderes en mi iglesia local. En una de las mesas vi a líderes de Sri Lanka, Camerún, Corea del Sur y Texas sentados unos junto a otros. (Sí, sé que no es un país, ¡pero muchos que son texanos piensan que lo es!). En otra mesa había personas nacidas en China, Columbia, los Estados Unidos y Haití. A medida que mis ojos recorrían la sala, vi rostros de color, blancos y mestizos, muchos de los cuales crecieron en entornos donde todos eran como ellos, como me había pasado a mí. Aun así, cada uno se estaba enfrentando voluntariamente a desafíos y sacrificándose por experimentar en la iglesia una familia particularmente contracultural modelada por el evangelio.

EL EVANGELIO Y LA FAMILIA MULTIÉTNICA

Jesús vino a hacer que fuera posible una familia multiétnica así. Desde que el pecado entró en el mundo, los seres humanos no solo han experimentado la separación de Dios, sino también la división entre ellos. Racismo, etnocentrismo y división étnica han plagado la historia, incluyendo la era de la historia en la que Jesús entró.

En el primer siglo, un gran abismo cultural separaba a judíos y gentiles. No comían ni se juntaban entre sí. Tenían diferentes tradiciones, costumbres y estilos de vida. Los judíos llamaban perros a los gentiles, pero Jesús vino para sanar estas divisiones. Él llamó a doce apóstoles, todos ellos judíos, y tomó a esos apóstoles para llevarlos a encontrarse con una mujer samaritana (por ej., alguien a quienes ellos consideraban inferior tanto en etnia como en género) en un pozo. Mientras estaba allí, no solo la llamó a ella sino también a toda una comunidad de samaritanos a que lo siguieran.

Jesús no se detuvo ahí. Sí, habló sobre la nueva vida con líderes judíos como Nicodemo, pero también sanó al siervo de un centurión romano (Lucas 7:1-10). Murió en la cruz como rescate para todas las tribus y pueblos (Apocalipsis 5:9-10), y en cuanto resucitó de la tumba venciendo al pecado, ordenó a sus discípulos que fueran a cada grupo étnico del mundo con las buenas noticias de su amor (Mateo 28:19). Después de la ascensión de Jesús, el Espíritu Santo dejó incluso más claro que el evangelio era para todos. El Espíritu descendió sobre los apóstoles en Pentecostés, empoderándolos para hablar en otros lenguajes para que todas las nacionalidades y etnias pudieran oír y creer (Hechos 2:4). El Espíritu envió a Felipe a compartir el evangelio con un etíope eunuco, estableciendo la iglesia en el norte de África (Hechos 8:26-40). Dios envió a Pedro a Cornelio, un dirigente romano sobre el régimen italiano, para impulsar la expansión del evangelio hacia el occidente (Hechos 10). Empoderó a Pablo para llevar las buenas noticias a los gentiles desde Europa oriental hasta Asia Menor.

Mediante el buen diseño de Dios, la iglesia primitiva era multiétnica.

Sin embargo, a estos cristianos no les faltó la controversia en sus esfuerzos por forjar una comunidad multiétnica. Cuando los gentiles quisieron ser bautizados, ser incluidos en la misma iglesia y poder sentarse en las mismas mesas, muchos judíos se retiraron. Los judíos eran, a fin de cuentas, el pueblo *escogido* de Dios. Pablo trató esta división claramente en una carta a los efesios, donde escribió:

> *Pero ahora en Cristo Jesús, vosotros que en otro tiempo estabais lejos, habéis sido hechos cercanos por la sangre de Cristo. Porque él es nuestra paz, que de ambos pueblos hizo uno,*

derribando la pared intermedia de separación, aboliendo en su carne las enemistades, la ley de los mandamientos expresados en ordenanzas, para crear en sí mismo de los dos un solo y nuevo hombre, haciendo la paz, y mediante la cruz reconciliar con Dios a ambos en un solo cuerpo, matando en ella las enemistades. Y vino y anunció las buenas nuevas de paz a vosotros que estabais lejos, y a los que estaban cerca; porque por medio de él los unos y los otros tenemos entrada por un mismo Espíritu al Padre. Así que ya no sois extranjeros ni advenedizos, sino conciudadanos de los santos, y miembros de la familia de Dios. (Efesios 2:13-19)

El cuadro bíblico es claro. El evangelio transciende los poderes de este mundo para derribar los muros de división y unir a personas de todo linaje, incluidas las etnias, en la Iglesia.

LA ATRACCIÓN DE LA HOMOGENEIDAD

Entonces, ¿por qué en la actualidad no experimentamos este tipo de comunidad diversa como Iglesia, y qué tiene que suceder para que esto cambie?

Se han escrito volúmenes enteros y probablemente aún se tengan que escribir más tratando esta pregunta, pero un punto de inicio clave es estar de acuerdo en que esta pregunta necesita una respuesta. Después de todo, algunos dicen que la autoselección social por etnias es buena. Por naturaleza, tendemos a que nos guste estar con personas parecidas a nosotros en todo, desde los gustos por las canciones hasta niveles socioeconómicos, desde inclinaciones políticas hasta preferencias personales. Por lo tanto, tal vez es mejor este camino.

Esta línea de pensamiento es una razón por la cual, durante décadas ya, los gurús del crecimiento de la Iglesia han promovido lo que se ha llamado "el principio de unidad homogénea". En esencia, la idea es que, si los pastores y líderes quieren alcanzar muchas personas en la Iglesia, y a la gente le gusta estar con aquellos que más se les parecen, entonces los pastores deberían enfocarse en intentar alcanzar a un tipo de personas en su iglesia. Otros tipos de personas se irán a otra iglesia más hecha a su medida. La forma de crecer en la Iglesia, dicen los gurús, es apelar a las preferencias de un grupo concreto de personas, y la mayoría de las iglesias han atraído multitudes haciendo exactamente eso.

Pero ¿dónde vemos esa enseñanza en la Biblia? ¿Dónde hemos visto alguna vez a Pablo decir a los judíos: "Si ustedes permanecen juntos y dejan a los gentiles fuera, podemos alcanzar a más judíos mucho más rápido", o a los gentiles: "Ustedes comiencen sus propias iglesias para que no tengan que aguantar a estos judíos"? En ningún lugar. Aunque es bastante popular y la mayoría de las iglesias les han hecho caso, edificar la Iglesia de Cristo priorizando la homogeneidad va en contra de lo que enseña la Biblia.

En contraste con nuestras congregaciones homogéneas actuales, el Nuevo Testamento muestra a hombres y mujeres *trabajando duro y juntos* entre líneas de preferencia étnicas, socioeconómicas, culturales y políticas para amarse y cuidar unos de otros como una familia. Esto significa que todo cristiano tiene un papel que desempeñar a la hora de trabajar duro para cultivar una comunidad diversa, hasta el grado que sea posible, ya sea que sus líderes rehúsen servir a ciertos tipos de personas o que los miembros de la Iglesia se mantengan comprometidos entre ellos incluso cuando no se prioricen todas nuestras preferencias. Cuanto más trabajemos juntos con alegría de ese modo, más irradiaremos la gloria de Jesús como un pueblo cuya profundidad de comunidad *solo puede explicarse* mediante el milagro del evangelio que nos hace uno.

ÁNIMO Y EXHORTACIÓN

Sería negligente si no incluyera una palabra de ánimo concreta para mis hermanas y hermanos afroamericanos antes de terminar este capítulo, y una palabra específica de exhortación para las hermanas y hermanos que, como yo, son blancos.

Primero, ánimo para mis hermanas y hermanos afroamericanos.

Doy gracias y alabo a Dios por su gracia en tu resiliencia, y en la resiliencia de tus padres, abuelos y bisabuelos que son antepasados en nuestra fe. Estoy agradecido de que escogieras seguir a Jesús en una iglesia americana que tiene esta historia de injusticia racial. No me puedo imaginar ser golpeado (literal o metafóricamente) a manos de personas que me están predicando la Biblia, y aun así decidir creer en esa Biblia. El hecho de que tengamos iglesias fuertes de afroamericanos en los Estados Unidos es un testimonio poderoso de la gracia preservadora de Dios y de la fe perseverante de los cristianos afroamericanos. Me siento honrado, sinceramente, por ser tu hermano en Cristo. Sé que aún tengo mucho que aprender, y sinceramente anhelo hacerlo junto a ustedes.

También quiero dar una palabra específica a mis hermanos y hermanas que, al igual que yo, son blancos:

Como tú y yo sabemos, a lo largo de la historia manchada de nuestro país de esclavitud y de derechos civiles, muchos cristianos e iglesias de blancos han estado contribuyendo a estas maldades, o no han hecho nada ante ellas. Pienso en Martin Luther King, Jr., sentado en una cárcel de Birmingham mientras ocho pastores blancos criticaban sus métodos y le pedían que fuera más paciente. En su celda, escribió una carta que decía:

> Ante las evidentes injusticias sufridas por los negros, he visto a los hombres de iglesia blancos permanecer al margen mientras formulaban piadosas irrelevancias y trivialidades mojigatas. En medio de la terrible lucha sostenida para librar a nuestra nación de la injusticia racial y económica, he oído a muchos hombres de iglesia decir: "Esas son cuestiones sociales que nada tienen que ver con el evangelio".[18]

Puede que un evangelio actual no se preocupe de la injusticia y la división racial, pero confío en que tú y yo nos demos cuenta de que un evangelio bíblico sí lo hace. La "Carta desde la cárcel de Birmingham" de King termina con estas palabras:

> Hubo una época en que la Iglesia era muy poderosa, cuando los cristianos primitivos se alegraban de que se les considerase dignos de sufrir por aquello en lo que creían. En aquella época, la Iglesia no era un mero termómetro que registraba las ideas y principios de la opinión pública; por el contrario, era un termostato que pretendía transformar las costumbres de la sociedad... Pero el juicio de Dios se cierne hoy sobre la Iglesia más que nunca. Si la Iglesia de hoy no recupera el espíritu de sacrificio de la iglesia primitiva, perderá su autenticidad, hará que se desvanezca la lealtad de millones de personas y terminará siendo considerada un club social irrelevante, carente de sentido en el siglo veinte.[19]

Cincuenta años después de que se escribiera esta carta, tenemos que decidir qué evangelio vamos a seguir y qué tipo de Iglesia queremos ser.

En su mayor parte, nuestros ancestros blancos no lamentaron su participación en el racismo. Ciertamente, como escribió el Dr. King, "no recuperaron el espíritu de sacrificio de la Iglesia primitiva", al menos en lo relacionado con la comunidad afroamericana. Hay un precedente bíblico que hoy día tenemos que reconocer y entristecernos por este fallo, incluso por los pecados cometidos por otras personas mucho antes que nosotros. Personajes bíblicos como Esdras y Nehemías reconocieron humildemente y lamentaron los pecados de sus antecesores, y guiaron al pueblo de Dios a alejarse de esos pecados. Y, una vez tras otra, Dios ordenó a su pueblo derribar los ídolos y los lugares altos de generaciones previas para que ellos no fueran cautivados por las formas pecaminosas que les transmitieron.

Esta es una de las razones por las que decidí defender y marchar junto a otros cristianos y líderes de iglesias que creen en la Biblia y proclaman el evangelio en las calles de Washington, D.C., en junio de 2020. Cuando me pidieron que hiciera una oración al comienzo de esa marcha, oré diciendo: "Dios, perdónanos por la injusticia de nuestra historia y de nuestro presente, y por el pecado que infecta nuestro corazón". Sin embargo, cuando esas palabras se imprimieron en un periódico nacional, algunos miembros de iglesias se molestaron y me enviaron mensajes, diciendo: "No deberías confesar pecados que tú no has cometido".

Aunque sé que bíblicamente al final todos daremos cuentas ante Dios de nuestros propios pecados, también sé que la Biblia muestra la importancia de la confesión colectiva. Es interesante que no recibí mucha oposición en la Iglesia cuando confesé el pecado del aborto en nuestro país tan solo cinco meses antes en la Marcha por la Vida en Washington, aunque nunca había participado personalmente en nada que defendiera el aborto. Pero incluso más allá de esto, para ser claros, dije de verdad y con sinceridad lo que oré *en mi propia vida*. A la luz de todo lo que he compartido en este capítulo, siento mucho cada una de las expresiones de racismo, con o sin intención, que haya habido *en mí*. Quiero ser libre del pecado que infecta mi corazón, y quiero arrepentirme y recuperar el espíritu de sacrificio de la iglesia primitiva del que hablaba el Dr. King.

¿Qué podría significar específicamente este espíritu de sacrificio para mí, y para otros seguidores de Jesús que son blancos? Con una historia de personas que se parecen a nosotros y son totalmente insensibles hacia las personas de otros colores en nuestro país, *no tardemos en confesar* cualquier indicio (de nuevo, con o sin intención) de orgullo o prejuicio racial que pueda quedar. A la luz de los antecesores que levantaron monumentos de injusticia racial, *trabajemos aún más* para exponer y borrar cualquier injusticia que aún quede. De todas las personas, seamos *los que más se preocupan* por las desigualdades raciales que todavía existen, y *los más celosos* en desarraigar cualquier expresión de racismo en nosotros y a nuestro alrededor. Con la herencia de los que vivieron antes que nosotros y se separaron en distintas iglesias porque creían que las personas de color eran menos humanas, *sacrifiquémonos mucho* en nuestros esfuerzos por contrarrestar la división racial y promover la armonía racial en la Iglesia hoy. Sin duda, *seamos más apasionados* por el avance del liderazgo, la autoridad y la influencia multiétnicas en iglesias, conferencias, seminarios y organizaciones que por demasiado tiempo han sido demasiado blancos.

Ya es tiempo de dejar atrás un cuadro de una Iglesia que se acomoda (y refuerza) los prejuicios, sirve a las preferencias y se aferra al poder. Dejemos a un lado de una manera humilde e intencional varias comodidades y tradiciones, y avancemos con valentía y plenamente hacia el hermoso cuadro que Dios tiene en mente para su Iglesia. Solo entonces podremos derribar el evangelio actual que divide y daña, y en su lugar promover el evangelio bíblico que produce igualdad, y finalmente, sanidad.

El evangelio son las buenas noticias de que Jesús derramó su sangre en una cruz por los pecadores para que todas las personas se puedan reconciliar con Él y con los demás mediante la gracia de Dios. Este linaje revolucionario crea una familia contracultural de esplendor multiétnico llamada iglesia. La Biblia describe este cuerpo espiritual y novia celestial como una raza escogida, una nación santa y un pueblo distintivo que pasa a ser posesión de Dios. No hay ningún otro grupo como este en el mundo: una familia única, diversa, eterna, saturada de amor, llena de gozo y esperanza, formada por el evangelio y que glorifica al Padre, que fue creada con cada color, clase, tribu y lengua.

A *todos* mis hermanos y hermanas en Cristo de cualquier color y de todos, entonces, cuidemos y compartamos la vida unos al lado de otros, y trabajemos juntos por la sanidad entre tantos que han sido heridos a causa del enfoque de la raza que ha tenido la Iglesia en nuestro país. En el proceso, experimentemos la belleza multiétnica que Jesús ha hecho posible para nosotros en nuestra vida particular y en la Iglesia.

3

UN PUEBLO DE CONVICCIÓN COMPASIVA

El tesoro bueno y verdadero que poseemos

Ha pasado la medianoche, y la única luz parpadeante en las paredes de lodo procede de una pequeña vela que arde en medio de una casa de un solo cuarto.

En un valle remoto en Asia Central, un pequeño grupo de amigos míos y nuestra familia en Cristo está agrupado alrededor de esa vela. Ejemplifican lo que Pablo escribe en Filipenses sobre estar "en necesidad". Son extremadamente pobres, aislados en medio de las escabrosas montañas, y desconectados de la educación, atención médica y cualquier oportunidad de avance económico. También son perseguidos. Va contra la ley en su país convertirse al cristianismo, pero la ley es la menor de sus preocupaciones. Si los miembros de su familia supieran que eran seguidores de Jesús, significaría la muerte segura.

Acurrucados en esta casa, susurran unos a otros mientras esperan. Bashir, nombre que significa "portavoz de buenas noticias", dejó la aldea una hora antes. Bajo la cobertura de la oscuridad y solo con un débil brillo de la luna a la distancia, se puso su abrigo y ha viajado más de tres kilómetros hasta una cueva. Imagínate a Bashir llegando a la entrada, poniéndose en posición para gatear y adentrarse en la cueva sosteniendo una pequeña linterna en la boca. Imagínalo entrando por las grietas hasta un montón de rocas. Abriéndose paso torpemente, encuentra el tesoro que estaba buscando.

Bashir mete el tesoro entre sus brazos y el cuerpo mientras gatea hacia atrás para salir de la cueva. Una vez que se ha asegurado de que no lo están viendo, se pone de pie y esconde su tesoro bajo el abrigo. Después retrocede los más de tres kilómetros hasta la aldea, acelerando el paso por temor a que lo atrapen con su posesión de contrabando.

El pequeño grupo reunido en la casa se paraliza del miedo al oír el ruido de pisadas fuera de la puerta. Tras unos segundos de tensión que parecen horas, la puerta se abre lentamente. Bashir entra, cierra la puerta silenciosamente, se sienta en el círculo y saca el tesoro.

Una Biblia.

La única en la aldea. La única en kilómetros de montañas a su alrededor. La única copia de la Palabra de Dios en su idioma.

Bashir todavía no ha aprendido a leer, así que le entrega la Biblia a Moska, una de las pocas mujeres alfabetizadas de la zona. Su nombre significa felicidad, y se dibuja una sonrisa en su rostro al abrir el libro. Durante las próximas dos horas, lee en voz alta y suave, con un círculo lleno de oídos atentos a cada palabra.

Tras un par de horas, saben que otras personas en la aldea pronto despertarán, así que recorren el cuarto orando unos por otros. Oran por seguridad, pero también oran por oportunidades para compartir lo que han aprendido de la Palabra de Dios con otras personas, sabiendo que correrán un gran riesgo al hacerlo. Cuando terminan, le entregan la Biblia de nuevo a Bashir, quien hace su parte con orgullo escondiendo el tesoro en su abrigo, saliendo tranquilamente de la casa, y apresurándose a regresar a la cueva para esconder de nuevo el tesoro.

Cuando pienso en Bashir, Moska, y multitud de hermanas y hermanos más en Cristo en entornos como este, recuerdo que solo la Biblia contiene la verdad por la que vale la pena jugarse la vida para leerla, conocerla y compartirla. Es el tesoro que nos une en la Iglesia. No son los ideales de un país o las posturas de un partido político. Y, ciertamente, no son las olas más populares de pensamiento que podríamos surfear en una cultura siempre cambiante.

Entonces, ¿por qué hay tantos cristianos e iglesias que se unen (y se dividen) en torno a opiniones, posturas y preferencias que no están trazadas de forma clara y directa en la Biblia? ¿Podría ser que hemos mezclado tanto los ideales bíblicos con los ideales actuales de la sociedad que ya no podemos distinguir la diferencia entre los dos? O peor aún, ¿estamos torciendo de manera sutil, quizá incluso sin darnos cuenta, los pasajes bíblicos para que digan lo que nosotros pensamos por encima de lo que Dios ha dicho en su Palabra? Y, en medio de todo ello, ¿estamos incluso prestando atención al hecho de que las generaciones emergentes están ignorando por completo su Palabra al ver el modo en que nosotros la usamos?

Las buenas noticias del evangelio son que tenemos una Palabra que es mejor, más cierta, más amable y mucho más digna de nuestra vida que la filosofía fundamental de cualquier país, la última postura de cualquier partido político, o la tendencia más novedosa en cualquier movimiento social. Tenemos una Palabra que tiene un poder misterioso para dar vida a los muertos, sanar a los heridos, y dar esperanza a los desilusionados no solo en la Iglesia sino también en el mundo. Juntémonos, entonces, con una convicción inconmovible en torno a este tesoro y arriesguemos nuestra vida por difundirla con compasión a todas las personas que nos rodean.

¿POR QUÉ ME IMPORTA?

Después de que una amiga la invitara a ir a un grupo pequeño de una iglesia, Sara llegó con una mezcla de curiosidad y ansiedad. Era la primera vez que estaba en un entorno cristiano organizado. Mientras cada persona tomaba asiento en la sala, el líder del grupo comenzó diciendo: "Vayamos al libro de Juan".

A continuación, se procedió a leer y conversar acerca del pasaje de la Biblia, pero Sara estaba confundida desde el momento en que todo eso comenzó. Al acabar la reunión, Sara llamó aparte de manera inocente a su amiga. "Perdóname por preguntar", le dijo, "pero me pregunto ¿quién es Juan, y por qué me debe importar lo que él piense?".

La pregunta de Sara es una buena pregunta, y no solo para quienes nunca han asistido a una iglesia. Cada semana en la iglesia que pastoreo las personas tienen la misma pregunta. Algunos son nuevos en la iglesia, pero otros han crecido en ella.

A veces veo estas preguntas en los rostros de adolescentes que están ahí porque sus padres los llevaron. ¿Qué tiene que ver este libro con sus vidas? Puedo nombrar distintos momentos en mi propia vida cuando hice la misma pregunta.

Se realizó un estudio durante seis años para calibrar la visión que tenían los estadounidenses sobre la Biblia, y se preguntó a los participantes: "¿Dirías que la Biblia es suficiente para tener una vida significativa?". La tendencia en las respuestas fue obvia y a la vez alarmante. Entre los ancianos, las personas clasificadas como nacidas antes de 1946, el 65 por ciento decía que la Biblia es suficiente para una vida significativa. Ese número decreció hasta el 56 por ciento entre los *boomers*, la siguiente clasificación de participantes. Entre los clasificados como *generación X*, el número cayó hasta el 40 por ciento. ¿Quieres averiguar qué porcentaje de los *millennial* (los que nacieron entre 1984 y 2002) afirmaron que la Biblia es suficiente para una vida significativa? Solo el 27 por ciento.[20]

Si seguimos esa tendencia, tendremos que comenzar a plantearnos si en una generación o dos creeremos que la Biblia es una fuente de vida suficiente y significativa.

ESTA ES LA RAZÓN

No supondré que todos los que lean este libro tienen fuertes convicciones sobre la autoridad y relevancia de la Biblia. Basándome en mi experiencia pastoral, supondré que la mayoría de los lectores a veces (o muchas veces) se preguntan por estas cosas. Parte de mí quiere pasar el resto de este libro mostrando cómo sabemos que la Biblia es la Palabra de Dios llena de autoridad y por qué es particularmente suficiente para una vida significativa, porque estar convencido de esto es clave para tu vida, ahora y para siempre. Pero otros libros ya han hecho eso mucho mejor de lo que yo podría hacerlo, así que destacaré algunos recursos[i] abajo con una fuerte recomendación para que los explores más a fondo.

Mientras tanto, este es mi intento, en unos cuantos párrafos, de resumir la maravilla sin igual de la Palabra de Dios.

Imagínate 66 libros escrito por más de 40 autores distintos en tres idiomas diferentes en un periodo de tiempo de 1500 años, todos contando una historia coherente entre ellos: el evangelio de Jesucristo. Ningún pasaje en toda la Biblia contradice esta única narrativa. Ni uno. Pregúntate: *¿Cómo es posible?* Si le pidieras a 40 personas que conoces que escribieran un libro que contara una historia general sobre quién es Dios, quiénes somos nosotros, cómo se formó el mundo, cuál es el problema del mundo y cómo se puede arreglar este mundo, no es nada probable que esas 40 personas concordaran. Y, en este caso, serían personas que todas ellas viven en el mismo tiempo en la historia y hablan el mismo idioma. Pero la Biblia, escrita por agricultores, soldados, sacerdotes, profetas, un abogado, un recaudador de impuestos y algunos pescadores, y escrita en distintos idiomas durante el transcurso de los siglos, cuenta una historia impactantemente coherente.

Por el contrario, y con todo el debido respeto a mis amigos musulmanes, consideremos el Corán. No lo escribieron 40 autores en tres idiomas a lo largo de 1500 años, sino un hombre: Mahoma. Este hombre dictó sus visiones a sus seguidores, y

i. Di una serie exhaustiva de sermones sobre un tema titulado "Scripture and Authority in an Age of Skepticism", disponible en Radical.net. Al final de esa enseñanza, recomiendo varios recursos, como: *The Enduring Authority of The Christian Scriptures* de D.A. Carson (Eerdmans, 2016), *Can I Trust the Bible?* de R.C. Sproul (Ligonier Ministries, 2019), *Defending Inerrancy: Affirming the Accuracy of Scripture for a New Generation* de Norman Geisler y William Roach (Baker Books, 2012).

después de morir se escribieron esas lecturas. Estos relatos escritos contenían discrepancias, así que otro hombre repasó los escritos para determinar lo que él creía que era cierto, y después quemó cualquier documento que pudiera contradecir sus conclusiones.

Además, pensemos en cuán confiable, precisa e incluso profética es la Biblia. Basamos nuestro conocimiento de ciertos eventos en la historia del mundo solamente sobre un puñado de documentos históricos. Sin embargo, tenemos más de 5000 manuscritos completos o parciales del Nuevo Testamento en griego, encontrándose más cada año que pasa, y ninguno de ellos ha resultado jamás en una revisión de la Biblia. Esto hace que la Biblia sea asombrosamente fiable, tal y como se esperaría que fuera la Palabra de Dios.

Además, otros libros religiosos, incluyendo el Corán, no contienen relatos históricos como los que vemos en el Antiguo y el Nuevo Testamento de la Biblia. Los relatos bíblicos de la historia y la geografía son confiables incluso siglos después, afirmando la exactitud de la Biblia. Y esa exactitud no solo se extiende a cosas que *han* ocurrido en el mundo, sino también a cosas que *ocurrirán* en el mundo. La Biblia contiene miles de predicciones que se han cumplido o se están cumpliendo con una exactitud insólita, incluyendo 300 profecías específicas en el Antiguo Testamento escritas durante cientos de años que se cumplen en detalle en la vida, muerte y resurrección de Jesús. Y Jesús mismo afirmó la historicidad, coherencia, fiabilidad y autoridad de la Biblia.[ii]

Después, finalmente, consideremos que la Biblia fue escrita por testigos oculares de la persona que escribió lo que vio y

---

ii. Para saber más sobre la perspectiva de Jesús acerca de la Escritura, recomiendo leer *Christ and the Bible, Third Edition* por John Wenham (Wipf & Stock, 2009).

experimentó a un gran costo personal. Imagínate ser uno de los autores del Nuevo Testamento, arriesgando tu vida por escribir acerca de Jesús. Nadie puede negar lo que has escrito sobre su vida, muerte y resurrección, porque ellos vieron las mismas cosas con sus propios ojos. Así que en lugar de contradecirte, te amenazan, te encarcelan y te persiguen. Sin embargo, tú sigues escribiendo porque vale la pena arriesgar tu vida por esta verdad. Como dijo Blaise Pascal: "Creo a los testigos que fueron degollados". Y, durante los últimos dos mil años, este testimonio se ha transmitido de generación en generación pasando por pruebas y persecuciones, todo el tiempo hasta llegar a ti, a mí, y a hombres y mujeres en aldeas montañosas remotas en Asia Central donde se sigue extendiendo al día de hoy.

Al considerar todo esto, vemos que la Biblia es finalmente sobrenatural. Y no solo por su coherencia, confiabilidad, precisión y autoridad a lo largo del tiempo, sino también por su capacidad para cambiar vidas y la historia cuando las personas simplemente la leen y la comparten. No hay ningún libro como este libro.

FUMAR LA ESCRITURA

Pienso en uno de nuestros hermanos en Cristo llamado Fernando, que regularmente comparte el evangelio en las calles de Sudamérica. Si alguien conoce el poder de la Biblia sin más para cambiar vidas, es él.

Con un Nuevo Testamento en su mano, Fernando se acercó a un hombre junto al camino y entabló una conversación con él. Se llamaba Nicolás, y se fumaba un cigarrillo mientras Fernando abría el Nuevo Testamento y comenzaba a compartir el evangelio con él. Nicolás no parecía prestarle mucha atención, pero miraba con curiosidad el Nuevo Testamento que Fernando tenía entre sus manos.

Durante una pausa en la conversación, Nicolás dijo: "El papel de ese libro parece bastante bueno para hacerse cigarrillos".

A Fernando la frase le tomó desprevenido, así que le pidió a Nicolás que repitiera lo dicho.

"El papel de ese libro que tienes en las manos es muy buen material para fumar".

Fernando miró el Nuevo Testamento y después volvió a mirar a Nicolás, hizo una pausa, y dijo: "Nicolás, me gustaría darte este libro como regalo, pero me tienes que prometer que antes de arrancar la página para hacer un cigarrillo con ella, leerás esa página. ¿Me lo prometerías?".

Los ojos de Nicolás se iluminaron. "Por supuesto que lo haré. ¡Es un papel estupendo!".

Fernando aclaró: "Pero ¿tengo tu palabra de que leerás una página antes de arrancarla?".

"Tienes mi palabra".

Fernando le entregó el libro, le transmitió buenos deseos, y continuó por la calle.

Semanas después, mientras caminaba por esa misma calle, Fernando vio a Nicolás. En cuanto sus ojos se enlazaron, el rostro de Nicolás se iluminó con una sonrisa. Se dieron la mano mientras Fernando le preguntaba: "¿Cumpliste tu promesa? ¿Has leído una página del libro antes de arrancarla?".

Nicolás le explicó con ganas: "Me leí y me fumé Mateo completo. Después me fumé Marcos y Lucas. Me fumé hasta el capítulo 3 de Juan, y llegué a ese versículo que habla sobre que Dios ama tanto al mundo que dio a su Hijo para morir en una cruz a fin de que todo el que crea en Él sea perdonado de sus pecados y tenga vida eterna con Él. Así que eso es lo que hice. Puse mi fe en Jesús".

Esta vez, fue a Fernando a quien se le iluminó la cara con una sonrisa mientras los dos hermanos en Cristo se daban un abrazo y conversaban más. Su amistad continuó, y lo último que escuché fue que Nicolás se había convertido en pastor de una iglesia en la misma calle donde antes se fumó el Nuevo Testamento.

Ahora bien, no estoy recomendando necesariamente esta manera de difundir la Palabra de Dios, pero digo que la Palabra de Dios por sí sola realmente tiene el poder de cambiar vidas. Y no solo aquí y ahora, sino por toda la eternidad. Y no solo vidas individuales. La Palabra de Dios tiene poder para cambiar la historia.

LA PALABRA LO HIZO TODO

Hace años atrás, estuve en una salita del castillo de Wartburg en Eisenhach, Alemania, donde Martín Lutero tradujo el Nuevo Testamento al alemán. Conocía la historia que llevó a Lutero a buscar refugio en el castillo. Después de enseñar a la gente directamente de la Biblia, fue confrontado por los líderes religiosos en una asamblea deliberativa conocido como La Dieta de Worms. Allí, los líderes religiosos de su época amenazaron con quitarle la vida si no se retractaba de su enseñanza del evangelio. Como respuesta, tenemos la famosa frase de Lutero: "Quedo sujeto a los pasajes aducidos por mí, y mi conciencia está cautiva de la Palabra de Dios. No puedo ni quiero retractarme de nada". Cuando Lutero viajaba a casa de regreso de la asamblea esa noche, unos amigos lo llevaron amparados por la oscuridad hasta el castillo de Wartburg, donde lo mantuvieron escondido de los líderes religiosos durante el siguiente año. Durante ese tiempo, Lutero tradujo el Nuevo Testamento del griego al alemán.

Yo estaba en esa sala gris y oscura del castillo que en ese tiempo fue el hogar de un hombre que lideró una reforma que alteró drásticamente el curso de la historia, y no podía dejar de pensar en la simplicidad de todo ello. Lutero tradujo la Palabra de Dios al lenguaje del pueblo común, y eso cambió totalmente sus vidas, sus familias, su país y nuestra historia. Lutero mismo reconoció esta simplicidad. Cuando le preguntaron cómo catalizó tal reforma histórica, respondió:

> Sencillamente enseñé, prediqué y escribí la Palabra de Dios; aparte de eso, no hice nada. Y, mientras dormía, o bebía cerveza Wittenberg con mis amigos Philip [Melanchthon] y [Nicolaus von] Amsdorf, la Palabra debilitó tanto al papado que ningún príncipe o emperador le infligió jamás tantas pérdidas. Yo no hice nada; la Palabra lo hizo todo.[21]

¡Vaya afirmación! ¿Cómo se cambian vidas en la historia? ¿Leer la Biblia, dormir y beber cerveza? Bueno, no exactamente. No estoy equiparando el beber cerveza con reformar la historia, pero digo que la transformación para cambiar el mundo se produce cuando sencillamente se toma la Biblia y se lee, se entiende, se cree y se actúa en consecuencia.

LA MEJOR CLASE DE OFENSA

Sin embargo, incluso con el poder de la Palabra de Dios para cambiar vidas y transformar la historia, seguimos teniendo tendencia a elevar por encima de ella nuestras ideas, opiniones y posiciones personales, como si nuestros pensamientos fueran mejores que su verdad. No deberíamos sorprendernos por nuestra necia arrogancia, sin embargo. ¿Acaso no nos hemos comportado así desde el principio?

Recuerda a Adán y Eva en el huerto del Edén cuando una serpiente susurró cinco palabritas en el oído de Eva: "¿Conque Dios os ha dicho...?". Por primera vez, unas pocas ideas espirituales mortales comenzaron a enraizarse en el mundo:

+ La idea de que nuestros pensamientos son más confiables que la verdad de Dios.

+ La idea de que la Palabra de Dios está sujeta a nuestro juicio.

+ La suposición de que tenemos el derecho, la autoridad y la sabiduría para determinar lo que es bueno y lo que es malo.

+ Y la idea de que somos libres para menospreciar la Palabra de Dios cuando no estamos de acuerdo con ella, o que simplemente podemos torcerla para justificar nuestra desobediencia a ella.

Al final, Adán y Eva pecaron porque creyeron que sabían más que Dios. En lugar de creer que la Palabra de Dios era buena para ellos, decidieron que les resultaba ofensiva.

Compartimos el mismo ADN que Adán y Eva, así que no es de extrañar ver una cultura actual que afirma que la Biblia es ofensiva, o ver a la Iglesia de nuestros días poniendo nuestras ideas por encima de la Palabra de Dios. Aunque pueda verse de modo distinto en cada uno de nosotros, en palabras de Romanos 1 tendemos a "cambiar la verdad de Dios" por lo que pensamos que está bien o sentimos que es bueno (Romanos 1:25).

En este punto, todos somos tanto ofendidos como ofensores. Todos hemos *ofendido a Dios* al resistirnos y rebelarnos contra su Palabra, y a todos nos han *ofendido* algunas (o muchas) partes de su Palabra. De forma natural, resistimos una Palabra que nos advierte contra el deseo de tener posesiones materiales, la lujuria del poder, o la búsqueda de posición. Por naturaleza nos rebelamos contra una Palabra que nos dice que huyamos de la inmoralidad sexual en todas sus formas. Por naturaleza tendemos a ignorar a los pobres, y la Palabra de Dios nos dice que pasemos nuestros días entendiendo, defendiendo y cuidando de los pobres. Por naturaleza preferiríamos estar a salvo de las amenazas de los viajeros, pero la Palabra de Dios nos dice que los recibamos y proveamos para sus necesidades. Podríamos continuar así con todas las formas en que la Palabra de Dios *ofende* nuestro pecaminoso corazón. Y el fuego de todas estas tendencias pecaminosas en nuestro corazón no hace otra cosa que incendiarse por una cultura que nos anima a cada momento a vivir "nuestra verdad" al margen de lo que los demás digan, incluyendo a Dios.

Sin duda, la Biblia es ofensiva. Pero ofensiva, propongo yo, de la mejor manera posible.

¿A qué me estoy refiriendo?

Nuestro Creador nos ama infinitamente, y Él sabe lo que es mejor para nosotros, incluyendo cómo podemos experimentar la vida al máximo. Y Él sabe que no es siguiendo las políticas o ideologías de personas caídas o de las tendencias pasajeras de la cultura. En su amor por nosotros, Dios nos ha dado su Palabra para que podamos ser libres de las mentiras de este mundo, que conducen a la muerte, y para que podamos ser libres para que la verdad que conduce a la vida nos moldee. ¿Acaso no deberíamos estar felizmente ofendidos si algo (o Alguien) nos está conduciendo a una vida eterna y abundante?

CONFÍA, NO LA TUERZAS

Pero, en lugar de estar felizmente ofendidos por la Palabra de Dios y reorientar nuestra vida en torno a ella con confianza en el amor de Dios, de modo sutil y casi inconsciente podemos escoger un camino distinto, uno que engaña y destruye nuestra vida y las vidas de otros. En lugar de confiar en la Palabra de Dios para formar en nosotros pensamientos, deseos y acciones buenos y correctos, podemos ignorar partes de la Palabra de Dios que no nos gustan, o en su defecto torcer la Palabra de Dios para justificar pensamientos, deseos y acciones incorrectos y pecaminosos. Y tal vez lo más peligroso de todo es que podemos hacer eso mientras nos convencemos a nosotros mismos y a otros de que estamos siguiendo la Palabra de Dios, causando al final un gran daño para todos.

¿Necesitas una prueba? Piensa en la historia pasada y presente del cristianismo, incluyendo los temas que estamos explorando en este libro.

Como reflexionamos en el último capítulo, los Estados Unidos los construyeron durante siglos cristianos profesos que torcieron la Biblia para decir que las personas de color tenían menos valor humano: una visión que no es conforme a la Biblia y es de odio, que engañó a generaciones de cristianos y destruyó multitud de vidas infligiendo un dolor que aún persiste hoy. Tal dolor existe fundamentalmente porque personas ignoraron lo que Dios dice sobre la igualdad, o torcieron la Palabra de Dios para acomodarla a sus prejuicios de antaño o modelos de negocios de beneficio propio.

De modo similar, como veremos en un capítulo posterior, durante siglos hemos permitido que el orgullo en nuestra nación suplante la Palabra de Dios con respecto a todas las naciones.

Llamados contemporáneos para hacer que América sea grande han retumbado entre cristianos y han ilustrado cuán fácilmente la Iglesia se distrae de nuestro claro mandato de hacer que Jesús sea grande entre todas las naciones de la tierra. Como veremos, hay una evidencia clara que demuestra que los cristianos y las iglesias están ignorando en gran parte el mandato de Jesús de hacer discípulos a todas las naciones, en detrimento eterno de miles de millones de personas en todo el mundo.

Ejemplos como este demuestran cuán desesperadamente necesitamos abrir nuestras Biblia juntos con humildad, continuamente conscientes de nuestra tendencia a escoger las partes de la Palabra de Dios que encajen más con nuestras opiniones y preferencias, o a torcer la Palabra de Dios para que se ajuste a nuestros deseos y estilos de vida. Y, cuando la Palabra de Dios inevitablemente ofende nuestras ideas sobre el dinero, el materialismo, la prosperidad, la pobreza, la unidad, los refugiados, el racismo, el género, la sexualidad, el matrimonio, la misión, o un montón de temas más en nuestra vida y nuestro país, y sucederá, tenemos que arrepentirnos de cualquier forma en la que no nos alineemos con lo que Dios dice y decidir poner en consonancia nuestra vida en torno a la verdad.

MEMORIZAR TODO EL LIBRO

Obviamente, si queremos alinear toda nuestra vida en torno a un libro, tenemos que saber qué dice ese libro. ¿Sabemos bien, entonces, lo que dice la Biblia? Me acuerdo de un artículo que leí recientemente sobre un niño musulmán de doce años que había pasado cuatro años memorizando todo el Corán. Otro artículo describía cómo un niño musulmán de nueve años en Filadelfia ha comenzado con muchas ganas ese mismo proceso. Aunque estos niños hablan inglés, están memorizando el Corán en árabe, ya que es el idioma original en el que fue escrito. Todo esto, claro está, es con el apoyo de sus padres y su comunidad de fe.

¿Te imaginas un ministerio de niños de una iglesia enseñando a los niños a memorizar todo el Nuevo Testamento en griego? ¿Y después hacer lo mismo con el Antiguo Testamento en hebreo? ¿O tal vez solo para comenzar, memorizar en lugar de toda la Biblia solamente uno de sus libros, pero en inglés? Hace que me pregunte: si estos padres y sus mezquitas están comprometidos a ayudar a los niños a memorizar las palabras de un dios falso, y esos niños están comprometidos a hacerlo, entonces ¿qué puede decir eso sobre el compromiso de nuestras vidas, familias e iglesias como el pueblo que afirma tener las palabras del único Dios verdadero?

Si queremos elevar la verdad de Dios por encima de nuestros pensamientos, y transmitir este tesoro a la siguiente generación, entonces tenemos que ponernos serios a la hora de guardar esta verdad en nuestro corazón. En algún momento tenemos que dejar de estar indefinidamente en nuestros teléfonos y viendo nuestras pantallas, llenando nuestra mente de mensajes de este mundo, y comenzar a emplear nuestro tiempo en saturar nuestra mente con la Palabra de Dios.

UNA PALABRA PARA SANAR, NO PARA HERIR

Entonces, a medida que aprendemos la Palabra de Dios, usémosla para guiar a otros a la vida eterna. Compartamos la Palabra de Dios no como un arma para herir a enemigos en batallas de valores culturales según los percibimos nosotros, sino como un bálsamo para sanar y restaurar a amigos, vecinos y desconocidos con la compasión de Jesús.

No hace mucho tiempo, cuando repasamos como iglesia 1 Corintios y llegamos a los capítulos 6 y 7 (pasajes que contienen enseñanza sobre la sexualidad y el matrimonio), leí una carta de un seguidor de Jesús en la iglesia que había expresado nerviosismo por este tema porque siente atracción hacia personas de su mismo sexo. Escribió:

Esta no es una carta que me agrade escribir, pero me siento impulsado a hacerlo dado el inminente mensaje sobre la sexualidad. Tengo este extraño sentimiento de premonición, no por miedo de lo que usted dirá sino por temor a sentirme aún más excluido de la iglesia. Creo que la Biblia es la Santa Palabra de Dios y sé lo que enseña sobre la homosexualidad. He orado durante más de veinte años para que este aguijón me sea quitado, pero aquí estoy, lidiando aún con ello y sin saber dónde acudir. No caer en un estilo de vida que desagrada a Dios es de alguna manera la parte fácil. Lo que no sé y nunca he oído que se enseñe es esto: ¿cómo puedo relacionarme con la iglesia y cómo debería la iglesia relacionarse conmigo? ¿Habrá alguna vez un lugar para personas como yo en una comunidad cristiana? He perdido muchos amigos, principalmente cristianos, que se han apartado de mí tras irse dando cuenta cada vez más de que quizá yo sea algo que ellos no son. Intento vivir una vida de obediencia, pero al hacerlo es incluso más devastador ver a personas que llevan el nombre de Cristo retirándome su amistad. Imagino que esto es lo que pido: como comunidad cristiana, por favor no me hagan escoger entre una vida de aislamiento y una vida que deshonra a Dios. Averigüen un camino para que yo pueda entrar, donde pueda rendir cuentas, donde pueda pertenecer, servir a Dios y servir a la iglesia. Y, si conoce a alguien como yo, no le hagan el vacío. Ustedes son nuestra cuerda salvavidas. Seguro que a nosotros nos viene bien una…

Firmado,
Alguien que observa desde afuera

Me entristeció leer esas palabras. Vi a esta persona: un hermano o hermana en Cristo que se sentía invisible e incomprendido en la familia de Cristo. Él o ella estaba herido y había sido apartado no por lo que dice la Palabra de Dios sobre su vida, sino por cómo se había manejado la Palabra de Dios en la iglesia.

Tristemente, esta persona no está sola. He tenido dos conversaciones en tan solo una semana con mujeres que sufrieron abuso sexual a manos de hombres que estaban enseñándoles la Biblia. De una forma horriblemente peligrosa, la promesa de seguridad en la Palabra de Dios se explotó para dañar a hijos de Dios. Tal maldad es una distorsión que asusta y un desafío absoluto a la Biblia y a su Autor.

Sin embargo, ninguno de nosotros es inmune a usar la Biblia para causar daño. ¿Puedo decir esto una vez más para asegurarme de que se quede grabado? Tú y yo no somos inmunes a usar la Biblia para hacer daño a otros.

Martín Lutero, el héroe de la Reforma del que hablé anteriormente, llamó en una ocasión a los judíos "personas vulgares y mercenarias" cuyas sinagogas, escuelas y hogares deberían ser destruidos. Lo que es peor, usó la Biblia para respaldar su antisemitismo.

De modo similar, pienso en la autobiografía de Frederick Douglass, en la que describió que cuanto más religioso (por ej., "cristiano") era un dueño de esclavos, más brutal era su trato a los esclavos. Escribió:

> En agosto de 1832, mi amo asistió a un campamento [de la iglesia]... y allí experimentó la religión. Yo albergué la débil esperanza de que esa conversión lo llevara a liberar a sus esclavos, y si no lo hacía, al menos en alguna medida le hiciera ser más amable y humano. Quedé decepcionado en ambos aspectos. Ni le hizo más humano con sus esclavos ni los liberó. Si produjo algún efecto sobre su carácter, fue que le hizo más cruel y lo llenó más de odio en todos sus tratos; porque creo que se convirtió en un hombre mucho peor después de su conversión que antes. Antes de su conversión, él confiaba en su propia depravación para escudarlo y sostenerlo en su salvaje barbaridad, pero después de su conversión encontró una aprobación y apoyo religioso para su crueldad con los esclavos. Hacía grandes afirmaciones sobre su piedad. Su casa era la casa de oración. Oraba mañana, tarde y noche... Su actividad en los avivamientos era grande, y demostraba ser un instrumento en las manos de la iglesia para convertir muchas almas. Su casa era el hogar de los predicadores. Les agradaba mucho acudir allí para alojarse; porque, mientras a nosotros nos mataba de hambre, a ellos los agasajaba.[22]

Como un ejemplo de la aprobación religiosa que su amo encontró para sus acciones crueles, Douglas escribió:

> Lo he visto atar a una mujer joven que estaba coja y azotarla con un látigo de piel de vaca muy pesado en los hombros desnudos, haciendo brotar la sangre, y para justificar la obra tan sangrienta, citaba este pasaje de la

Escritura: "Aquel siervo que conociendo la voluntad de su señor, no se preparó, ni hizo conforme a su voluntad, recibirá muchos azotes".

Dios, ayúdanos a aprender y recordar lo que la historia nos enseña: la Biblia se puede malinterpretar de manera perversa, incluso siendo el más sincero de los creyentes. La Palabra de vida se puede usar para herir, oprimir y explotar. Y nuestro Dios no es así, ni es eso lo que Él quiere para nosotros o para otros.

EL LLAMADO A LA BONDAD Y EL HONOR

No basta simplemente con leer estas historias. Tenemos que hacer una pausa y preguntarnos cómo podríamos estar usando la Palabra de Dios de maneras que nublen el amor de Dios ante los ojos del mundo que nos rodea. Echemos un vistazo sincero y examinémonos como personas que afirman promover la Palabra del Dios que amó tanto al mundo que dio a su único Hijo para morir por todos.

¿Hay más miembros liberales de los consejos escolares en nuestro país que piensan: "Los cristianos son las personas más amorosas de nuestra comunidad?".

¿Qué hay de los activistas por el derecho a abortar? ¿Piensan ellos: "Los cristianos me han demostrado mucha bondad y compasión"?

¿Nuestro prójimo lesbiana, gay, bisexual, transgénero, inter-sexual, homosexual, *queer*, y asexual nos conocen personal-mente como amigos que les escuchan con atención y se pre-ocupan genuinamente por ellos?

¿Qué hay de los miembros del partido político contra-rio? ¿Piensan de nosotros: *Esa persona puede que discrepe totalmente conmigo, pero siempre siento que me respeta y se interesa por mí?*

¿Y nuestro prójimo de otras etnias? ¿Nos ven que derribamos intencionalmente los muros de división y creamos espacios donde aprender y apreciar nuestras diferencias culturales?

¿Y nuestro prójimo musulmán? ¿Las mujeres que visten hiyab se sienten bienvenidas en nuestras iglesias? ¿Piensan los musulmanes de nuestra comunidad: *Las personas de esa iglesia creen de forma diferente a nosotros, pero son las que más amor nos demuestran, nunca nos tienen miedo y siempre son hospitalarios con nosotros?* ¿Pueden decir lo mismo de nosotros los musulmanes en todo el mundo?

Al examinar mi propia vida y hacer estas preguntas en la iglesia que pastoreo, pienso en la tentación que todos enfrentamos de blandir la Palabra de Dios como si fuera un arma contra los demás en nuestras batallas culturales. Y podemos señalar versículos que parecen defendernos. Después de todo, está bien (según la Palabra de Dios) preocuparse de lo que se enseña en las escuelas, defender a los no nacidos, promover la sexualidad bíblica, ocupar puestos de todo tipo (incluyendo puestos políticos) informados por la Escritura, y oponernos a las falsas enseñanzas del islam y de otras religiones. Sin embargo, la Palabra de Dios también nos llama a mostrar bondad, compasión, amistad, honor, amor y hospitalidad a todas las personas, y especialmente a los que son distintos a nosotros. Si solo mostramos bondad, compasión, amistad, honor, amor y hospitalidad a los que se nos parecen, entonces ¿qué dice eso de nosotros? ¿No es eso básicamente amarnos a nosotros mismos con un disfraz de amor a otros?

Para que no me acusen de tratar por encima las Escrituras, sí, Efesios 6:17 describe la Palabra de Dios como la espada del Espíritu. Pero justo antes de eso, Pablo nos recuerda que no tenemos lucha contra *otras personas*. Estamos *para* las personas, no *contra* ellas, lo cual en palabras de Efesios 6:19 significa que continuamente proclamamos y presentamos las buenas noticias del amor de Dios para ellos. Hacemos esto mientras peleamos batallas contra fortalezas espirituales de maldad en este mundo (nuestros enemigos verdaderos), incluyendo la tentación constante en nuestra propia vida a dudar, desconfiar, torcer, minimizar o manipular la Palabra de Dios.

CONVICCIÓN Y COMPASIÓN

Esta es la batalla que Bashir, Moska, y muchos otros en todo el mundo están peleando en lugares donde solamente tener una Biblia podría costarles la vida. Al visitar hermanas y hermanos en estos entornos, siempre me impactan dos cualidades concretas de ellos.

En primer lugar, poseen una *convicción* evidente acerca del valor de la Palabra de Dios. Regularmente hablo en conferencias para adultos o estudiantes en mi país, y a menudo son una o dos charlas de treinta a sesenta minutos, entre mucho tiempo libre y otras actividades. Pero cuando estoy con cristianos en países perseguidos, todos llegan arriesgando su propia vida para estudiar la Palabra de Dios durante doce horas al día. Además, veo su pasión por transmitir su conocimiento de Dios a la siguiente generación. Pienso en reuniones en muchas ocasiones con estudiantes de sus iglesias para retiros secretos, también arriesgando sus vidas, y entrenar a esos adolescentes hora tras hora desde muy temprano hasta la media noche para difundir la Palabra de Dios no solo en su país sino también en países vecinos. Estas hermanas y hermanos, y los adolescentes, aman la Palabra de Dios como ninguna otra cosa en el mundo.

Eso conduce a la segunda cualidad: poseen una destacada *compasión* por las personas que necesitan la Palabra de Dios. Ni los adultos ni los adolescentes que mencioné están estudiando la Biblia tan solo para ellos mismos, para quedarse callados en el mundo. A decir verdad, eso sería mucho más fácil para ellos. Los cristianos no son perseguidos en esos países por guardar la Palabra de Dios para sí mismos, sino por compartir la Palabra de Dios con otros. Pero estos adultos y adolescentes aman profundamente a quienes no conocen a Jesús. Durante mis estancias con ellos, los he visto postrarse literalmente en el piso, llorando y orando por personas que no conocen el evangelio en sus aldeas, ciudades y países vecinos. Recuerda que las personas por las que oran estos cristianos son en muchos casos las mismas personas que les están persiguiendo. Sin embargo, ellos saben que la Biblia enseña que esas personas irán a la condenación eterna si no oyen y creen el evangelio, y estos cristianos quieren hacer todo lo que esté a su alcance para amarlos y guiarlos a Jesús. Por eso se ponen de pie y salen de esas reuniones secretas para difundir la Palabra de Dios con una compasión que literalmente desafía a la muerte.

Dos cualidades: convicción y compasión. Se ven claramente en Bashir, Moska, y muchos otros en la iglesia en todo el mundo. ¿Y nosotros? Aunque no nos tenemos que reunir en secreto ni caminar hasta una cueva para conseguir una Biblia, valoremos el tesoro que es. Con una firme convicción y humilde confianza en su valor sobrenatural, no dejemos de meditar en ella y memorizarla de día y de noche cuando estemos solos, y de estudiarla sin vergüenza durante horas al estar juntos. Y, al hacerlo, por Dios, por otros y por nosotros mismos, guardémonos de esa tendencia a torcerla, hacer de ella un arma, dar más importancia a nuestros pensamientos, añadirle o quitarle. Entonces, levantémonos y transmitamos fielmente este tesoro a otros, desde las generaciones venideras a todas las naciones, con un tipo de compasión que se convierta en Cristo mismo.

4

JUSTICIA DESBORDANTE

Hacer lo que Dios pide

"¿Extrañas tu vieja vida?".

Esta es la pregunta que le hice a Naomi, miembro de nuestra iglesia e inmigrante que había experimentado una transformación radical en su vida. Ella y su esposo, Zelalem (lo llamamos doctor Zee), son de Etiopía y habían llegado a los Estados Unidos para perseguir el sueño americano. El doctor Zee era extremadamente exitoso; vivían en una casa muy bonita, poseían cosas muy hermosas y tomaban las vacaciones más lujosas. Y, no me malentiendas, eran personas buenas y generosas; pero estaban contentos con tener una versión cómoda y cultural del cristianismo, hasta que una de sus vacaciones puso patas arriba a toda su familia, y más importante, también su fe.

Naomi y el doctor Zee regresaban de un viaje a su país natal, y Naomi dedicó un día de sus vacaciones en el hotel para visitar a un familiar que dirigía un orfanato. La crisis de orfandad en Etiopía está bien documentada. El país alberga cerca de cinco millones de niños que no tienen padres, casi un millón de ellos huérfanos por la epidemia del VIH/SIDA. Multitudes de niños sin padres viven en las calles. En Adís Abeba, la capital, aproximadamente un tercio de las niñas entre las edades de diez y catorce años no viven con sus padres. Sin embargo, como la mayoría de los estadounidenses, Naomi no era consciente de esta crisis hasta que visitó el orfanato.

He escrito antes que es fácil olvidarse de los huérfanos hasta que conoces sus nombres o los cargas en tus brazos, y eso es lo que le ocurrió a Naomi. No solo se vio cara a cara con esos niños, sino que también pudo ver los entornos tan poco salubres en los que vivían. De hecho, supo que en un orfanato morían un promedio de cuatro niños cada semana.

El corazón de Naomi se rompió en pedazos por las necesidades de estos huérfanos, y cuando regresó a casa decidió hacer algo al respecto. Comenzó a difundir la situación en nuestra iglesia e invitó a las personas más cercanas a pasar a la acción junto a ella, y fue entonces cuando las cosas comenzaron a cambiar. *Nosotros* comenzamos a cambiar. Cientos de miembros de nuestra iglesia comenzaron a viajar a Etiopía para cuidar de los huérfanos allí. Unimos nuestras manos a las iglesias nacionales de Etiopía que habían comenzado a implementar iniciativas para cuidar de los huérfanos.

¿El resultado?

Decenas de miles de huérfanos están recibiendo ahora alimento físico diariamente y alimento espiritual mediante programas de discipulado.[iii] Naomi y el doctor Zee han adoptado dos niños etíopes en su familia, y algunos de los oficiales de gobierno etíopes de más alto rango han seguido sus pasos. Nos hemos reunido con el presidente de Etiopía para explorar maneras de ampliar el cuidado de huérfanos en todo el país. Y en ese orfanato donde morían cuatro niños semanalmente, ahora los niños viven y mejoran.

He viajado a Etiopía con Naomi y el doctor Zee en muchas ocasiones. En una de esas visitas, estaba de pie en un mar de cientos de niños de la calle en una colina embarrada. Rodeado de niñas y niños adolescentes (de entre cinco y quince años) con sus cuerpos manchados de barro y apenas vestidos con harapos, los vi compartir las escasas bolsas de restos de comida que habían recolectado en las calles ese día. Los niños más pequeños sonreían cuando los adolescentes les ofrecían un puñado de lentejas y pan que habían rebuscado en la basura de restaurantes y hogares. Naomi se puso en el centro del grupo de niños, y todos se voltearon hacia ella. Pidió su atención con mucha amabilidad, y compartió diferentes maneras de conseguir ayuda tanto de comida como de familia.

Esa noche, reuní al grupo de alrededor de cien personas de nuestra iglesia que estaban sirviendo en ese viaje. Me puse delante de ellos con Naomi y le pedí que compartiera todas las maneras en que Dios estaba obrando en ella, por medio de ella y alrededor de ella que superaban su imaginación. Cuando terminó de compartir, le pregunté: "Naomi, ¿extrañas todas las

---

iii. El ministerio que el doctor Zee y Naomi iniciaron se llama Orphan Care Ethiopia.

vacaciones que solías tener y todas las cosas que solías conseguir? ¿Extrañas tu vieja vida?".

Naomi se rio. "¡Para nada, pastor!", respondió. "¡*Esto* es vida!".

Naomi tiene razón, y la Biblia la respalda. Dios nos ha dicho cómo podemos experimentar la buena vida. El profeta Miqueas escribió: *Oh hombre, él te ha declarado lo que es bueno, y qué pide Jehová de ti: solamente hacer justicia, y amar misericordia, y humillarte ante tu Dios* (Miqueas 6:8). Eso es exactamente lo que está haciendo Naomi: justicia. Específicamente, está obedeciendo el mandato de Dios para su pueblo de "haced justicia al huérfano" (Isaías 1:17). Ella está haciendo justicia de maneras que reflejan la bondad y la humildad de Jesús delante de Dios.

Tristemente, sin embargo, vivimos en un tiempo en el que los seguidores de Jesús parecen estar más interesados en debatir sobre la justicia que en hacerla. Incluso estando rodeados de incontables personas que son huérfanas, viudas, pobres, oprimidas, esclavizadas, desplazadas, maltratadas y abusadas, en nuestro país y más allá de nuestro país gastamos muchas energías en criticarnos y gritarnos los unos a los otros en las redes sociales por la justicia, sintiendo que de algún modo *eso* es hacer justicia.

Sin embargo, si fuéramos quienes tomáramos una decisión calculada de seguir los pasos de Naomi y Zee y nos involucráramos en una justicia holística, bíblica, que proclame el evangelio y exalte a Jesús, si comenzáramos a cargar más huérfanos en nuestros brazos, ayudáramos más a las viudas de nuestro país, sirviéramos más a los refugiados de nuestras fronteras, albergáramos a más inmigrantes en nuestros hogares, rescatáramos más esclavos de los traficantes, visitáramos a más personas en las cárceles, cuidáramos de más víctimas del abuso, o nos pusiéramos al lado de más mamás y papás que se ven ante embarazos no deseados, descubriríamos que la justicia bíblica va más allá de poner cosas en las redes sociales, presentar un argumento en el ámbito político, o incluso votar en unas elecciones. Entenderíamos finalmente que la bondad es una parte fundamental de lo que significa seguir a Jesús en nuestras vidas cotidianas. Y, al final, nos daríamos cuenta de que hacer justicia y amar misericordia es el modo en el que verdaderamente experimentamos la buena vida en Jesús.

EL SILENCIO NO ES UNA OPCIÓN

Tal vez has escuchado esa objeción tan común que dice: "¿Pero no deberíamos estar hablando de la justicia, sino predicando el evangelio?". Quizás incluso tú mismo lo has dicho. Escucho variaciones de este sentimiento cada vez que digo algo sobre la justicia racial, el cuidado de los huérfanos, la inmigración y los refugiados, u otros temas relacionados con la justicia. Y no soy solo yo. Otros pastores tienen experiencias similares.

Por muchos años permití que este tipo de pensamiento moldeara mi predicación. He escrito, por ejemplo, que durante demasiado tiempo me mantuve vergonzosamente en silencio y siendo pasivo en cuanto al tema del aborto. Veía el aborto como un asunto político, no como un asunto bíblico. En otras palabras, "solo estaba predicando el evangelio" mientras no decía nada con respecto a los millones de niños que mueren cada año en el vientre de sus madres.

Cuando me arrepentí de mi silencio y comencé a predicar lo que dice la Palabra de Dios con respecto a las vidas que Él está moldeando en el vientre, supe que Dios no solo me estaba llamando a *hablar* sobre su cuidado por los niños sino a *hacer* algo al respecto. Por la gracia de Dios, Heather y yo fuimos capaces de adoptar, y hemos convertido la adopción y la acogida en una parte significativa de nuestra iglesia. En la actualidad, nuestra familia e iglesia estamos asociados con agencias de adopción y acogida, centros de cuidado del embarazo, y otras organizaciones que trabajan en todo tipo de aspectos a favor no solo de los no nacidos, sino también de sus mamás y papás que podrían ver el aborto como su mejor opción (por varias razones que también debemos considerar).

Pero ¿sabes qué es lo verdaderamente interesante? Raras veces (si es que llega a ocurrir) alguien en la iglesia ha rebatido mi enseñanza sobre el aborto. No oigo a nadie decir: "Agacha la cabeza, enseña la Biblia, y deja de hablar sobre el aborto". De modo similar, nunca he oído a nadie en la iglesia ofrecer esos argumentos cuando hablo sobre el género, la sexualidad, el matrimonio, o la libertad de religión para los cristianos. Sin embargo, cuando hablo sobre asuntos como la libertad religiosa para los musulmanes, el mal del racismo, cuidar de los refugiados, detener la opresión o defender a los pobres, sí es probable que oiga: "Agacha la cabeza y predica el evangelio".

Pero ¿por qué? ¿Por qué somos tan convenientemente selectivos acerca de sobre qué asuntos de justicia está bien hablar desde la Biblia en la Iglesia y sobre cuáles no?

Quiero suponer lo mejor en aquellos que tienen estas preocupaciones, y estoy de acuerdo en que, a lo largo de toda la historia de la Iglesia, muchos llamados a la justicia sin duda han traicionado el evangelio. Los cristianos y los líderes de la Iglesia en varios momentos y de maneras importantes han intercambiado el evangelio bíblico por un evangelio que está contento con alimentar a los pobres o dar albergue a los inmigrantes, todo ello sin compartir el mayor regalo de todos: la salvación por medio de Jesús. No me interesa ese tipo de falso evangelio.

Pero solo porque algunos hayan diluido o menospreciado el evangelio de Jesús en llamados a la justicia no significa que debamos permanecer pasivos en un mundo lleno de pobreza, opresión, aborto, huérfanos, viudas, esclavos, refugiados y racismo. Jesús no lo hizo. Él hizo justicia y misericordia, y si nos llamamos sus seguidores, debemos hacer lo mismo. Dios *requiere* esto de nosotros.

A través del profeta Isaías, Dios habló firmemente a su pueblo sobre su piadosa desconsideración de la injusticia en su entorno:

> *No me traigáis más vana ofrenda; el incienso me es abominación; luna nueva y día de reposo, el convocar asambleas, no lo puedo sufrir; son iniquidad vuestras fiestas solemnes. Vuestras lunas nuevas y vuestras fiestas solemnes las tiene aborrecidas mi alma; me son gravosas; cansado estoy de soportarlas. Cuando extendáis vuestras manos, yo esconderé de vosotros mis ojos; asimismo cuando multipliquéis la oración, yo no oiré; llenas están de sangre vuestras manos. Lavaos y limpiaos; quitad la iniquidad de vuestras obras de delante de mis ojos; dejad de hacer lo malo; aprended a hacer el bien; buscad el juicio, restituid al agraviado, haced justicia al huérfano, amparad a la viuda.* (Isaías 1:13-17)

Dios *aborrece* que su pueblo haga oraciones, dé ofrendas y asista a servicios religiosos y a la vez ignore la injusticia y la opresión que existen a su alrededor.

Dios usa un lenguaje similar en Amós 5 cuando le dice a su pueblo no solo lo que aborrece, sino también lo que ellos deberían aborrecer:

Aborreced el mal, y amad el bien, y estableced la justicia en juicio... Aborrecí, abominé vuestras solemnidades, y no me complaceré en vuestras asambleas. Y si me ofreciereis vuestros holocaustos y vuestras ofrendas, no los recibiré, ni miraré a las ofrendas de paz de vuestros animales engordados. Quita de mí la multitud de tus cantares, pues no escucharé las salmodias de tus instrumentos. Pero corra el juicio como las aguas, y la justicia como impetuoso arroyo.

(Amós 5:15, 21-24)

La Biblia es clara. No honramos a Dios con nuestras voces cuando somos rápidos para cantar el último coro o himno, pero a la vez somos lentos para hablar en contra de la injusticia. No honramos a Dios con nuestras manos cuando somos rápidos para levantarlas durante la adoración, pero somos lentos para trabajar contra la maldad y la desigualdad en nuestras comunidades. Las personas que adoran verdaderamente al Dios que está por encima de ellos amarán hacer el bien por las personas en necesidad que hay a su alrededor.

Según Amós, Dios no solo requiere de nosotros hacer actos de justicia aquí o allí para tacharlo en nuestra lista de quehaceres. Dios nos exige hacer mucha justicia todo el tiempo, dejar que nuestras obras de justicia rebosen como un jarro debajo de un grifo abierto. Con cientos de versículos en la Biblia dedicados a los pobres, más de cien versículos para los oprimidos, más de cien versículos para los huérfanos, las viudas y los viajeros, e incontables versículos sobre el interés de Dios por todas las personas al margen del color de su piel, no podemos ignorar el corazón de Dios por la justicia y no necesitamos ser cautos en cuanto a ponerlo en práctica. Por el Espíritu de Jesús en nosotros, tenemos que tirar la casa por la ventana en esta obra.

Si lo no hacemos, ¿cuánto agradaremos realmente a Dios con el incremento de nuestros servicios de adoración?

¿QUIÉN DEFINE LA JUSTICIA?

Pero ¿qué es la justicia? Vemos esta palabra en varios lugares, y todos estamos discipulados en lo que significa. La pregunta es: ¿estamos siendo discipulados por el mundo o por la Palabra de Dios?

Políticos, periodistas y celebridades, por nombrar algunos, hacen lo posible a su propia manera por moldear cómo definimos palabras como justicia u opresión. Para complicar aún más las cosas, los mensajes en las redes sociales y extractos de *podcast* populares o frases breves de nuestros teléfonos influyen en nuestro pensamiento y nuestras creencias. Y es fácil olvidarnos de que hay algoritmos invisibles de mercadotecnia funcionando entre bambalinas, dictando incluso lo que oímos o vemos, en un principio. Estamos prácticamente rodeados de opiniones que nos gustan y con las que estamos de acuerdo, pero eso obviamente no significa que esos pensamientos estén en consonancia con la Palabra de Dios.

Por eso, un grupo de aproximadamente mil personas en nuestra iglesia, en la cúspide de la pandemia y las tensiones raciales y políticas de nuestro país, ayunamos, oramos y abrimos nuestras Biblias juntos. Queríamos saber cómo define Dios la justicia, y observamos que la justicia bíblica es *eso que está bien para la gente según lo vemos ejemplificado en el carácter de Dios y expresado en la Palabra de Dios.*

Es interesante que las palabras hebrea y griega en la Biblia que traducimos como "justicia" y "rectitud" a menudo son intercambiables. Sin embargo, a veces vemos "justicia" en solitario y, en ese contexto, por lo general se refiere al modo en que nos relacionamos con otras personas, concretamente en asuntos legales, judiciales, comerciales o sociales. Considera estos ejemplos:

No tuerzas el derecho; no hagas acepción de personas, ni tomes soborno…   (Deuteronomio 16:19)

Así ha dicho Jehová: Haced juicio y justicia, y librad al oprimido de mano del opresor, y no engañéis ni robéis al extranjero, ni al huérfano ni a la viuda…   (Jeremías 22:3)

Dios está particularmente interesado en la justicia hacia los pobres, los oprimidos, maltratados y necesitados, evidente en ejemplos como estos de los Salmos:

Jehová es el que hace justicia y derecho a todos los que padecen violencia.   (Salmos 103:6)

Yo sé que Jehová tomará a su cargo la causa del afligido, y el derecho de los necesitados.   (Salmos 140:12)

Dios es la Roca cuya "obra es perfecta" y sus "caminos son rectitud" (Deuteronomio 32:4), y "que yo soy Jehová, que hago misericordia, juicio y justicia en la tierra" (Jeremías 9:24). Esto significa que, cuando hacemos justicia y mostramos misericordia hacia la gente, concretamente hacia los pobres, oprimidos, maltratados y necesitados, estamos reflejando la misma naturaleza de Dios.

Es importante enfatizar que la justicia no es solamente hacer lo que refleja el carácter de Dios, sino también lo que es *correcto* según la Palabra de Dios. Todos hemos notado cómo la palabra *correcto* se aplica de maneras que, bueno, *no* son correctas. Las Cortes en los Estados Unidos dicen que es correcto que te cases con alguien del mismo género, pero la Palabra de Dios dice lo contrario. Algunos estados de nuestro país dicen que es correcto quitarle la vida a un no nacido en un vientre, pero la Palabra de Dios dice lo contrario. Muchos de nosotros, incluso en la Iglesia actual, actuamos como si fuera correcto ser rico, estar acomodados y seguros mientras ignoramos o incluso apartamos a los pobres y necesitados. Pero, como hemos visto en Isaías y Amós, esto no es correcto delante de Dios. De hecho, la Biblia lo llama pecado, rebelión contra lo que Dios dice que es correcto.

LA INJUSTICIA Y LA SOLUCIÓN DEL EVANGELIO

La injusticia, entonces, es aquello que *no* es correcto para la gente según queda ejemplificado en el carácter de Dios y expresado en la Palabra de Dios. Los ejemplos de injusticia abundan entre los hombres y las mujeres creados a imagen de Dios. Mentimos, asesinamos, oprimimos, abusamos, explotamos, engañamos, sobornamos, robamos, calumniamos y esclavizamos. Nos aprovechamos de otros para beneficiarnos a nosotros mismos. Acaparamos nuestros recursos. Nos consideramos superiores a otros. Saqueamos e ignoramos a los pobres, los débiles, las viudas, los huérfanos y los viajeros. Esta es la historia de los hombres y las mujeres en la Biblia. Y es también nuestra historia. Todos tendemos a cometer injusticias.

La injusticia no está limitada a nuestras acciones individuales ni tampoco a nuestras relaciones. Se infiltra en las instituciones, las leyes y las políticas que personas pecadoras crean y mantienen. La injusticia no está limitada a un momento cultural específico en un país concreto, y no se limita a un solo asunto. La injusticia llena el mundo de maneras incontables en todos los países del mundo, los Estados Unidos incluidos.

Por lo tanto, ¿cómo nos ayuda el verdadero evangelio en un mundo lleno de injusticia?

En el centro de la Palabra de Dios, la buena noticia de Jesús brilla como nuestra única esperanza para la justicia final. Jesús es el Hijo de Dios que revela perfectamente el carácter de Dios, cumple perfectamente la Palabra de Dios y demuestra perfectamente la justicia de Dios.

Jesús es la personificación de la justicia. No solo trajo una probadita de la justicia a las viudas, los pobres y los enfermos mientras estuvo en la tierra, sino que también trajo la *máxima* justicia al soportar el juicio que merecen las personas en todas las naciones. Jesucristo, el Justo, pagó el precio de los pecados del mundo para que cualquiera que confíe en Él pueda quedar justificado delante de Dios.

Tal justificación delante de Dios nos lleva inevitablemente a hacer justicia con Dios mediante el poder de Jesús obrando en nosotros. Según el libro de Santiago, eso es lo que significa la fe en Jesús:

> *Hermanos míos, ¿de qué aprovechará si alguno dice que tiene fe, y no tiene obras? ¿Podrá la fe salvarle? Y si un hermano o una hermana están desnudos, y tienen necesidad del mantenimiento de cada día, y alguno de vosotros les dice: Id en paz, calentaos y saciaos, pero no les dais las cosas que son necesarias para el cuerpo, ¿de qué aprovecha? Así también la fe, si no tiene obras, es muerta en sí misma. Pero alguno dirá: Tú tienes fe, y yo tengo obras. Muéstrame tu fe sin tus obras, y yo te mostraré mi fe por mis obras.*
>
> (Santiago 2:14-18)

En otras palabras, la fe sin la justicia es una farsa. Lo cual a su vez significa que, si no hacemos justicia, en verdad no conocemos a Jesús.

El punto de partida para hacer justicia, entonces, es comprender que necesitamos a Jesús no solo para salvarnos de la injusticia en nuestro corazón, sino también para enseñarnos y capacitarnos para hacer justicia en nuestra vida. Por el poder del evangelio, necesitamos que Jesús produzca en nosotros una vida de hacer justicia y mostrar bondad que sea más completa, más costosa e incómoda de lo que podríamos fabricar nosotros mismos. Un anhelo por el bien de los demás, y particularmente de los pobres, oprimidos, maltratados y necesitados que no nos deje sentados sin hacer prácticamente nada. Un amor que nos mueva más allá de un sentimiento de obligación religiosa, hasta alcanzar un auténtico deleite por hacer lo justo y lo correcto con los que están necesitados.

PINTAR UN CUADRO

Me resultaría sencillo escribir un libro completo sobre todas las maneras prácticas en las que podemos hacer justicia y mostrar misericordia en el mundo que nos rodea. En lugar de ello, pensemos en algunas formas prácticas de hacer justicia bíblica, y pasemos tiempo meditando en la Escritura, incluyendo los versículos citados a continuación.

+ Proclamar el evangelio aquí y en todas las naciones. Como veremos en el siguiente capítulo, *no es* correcto que miles de millones de personas todavía no hayan oído las buenas noticias de Jesús (ver Mateo 28:18-20; Hechos 1:8; Romanos 15:14-21).

+ Amar a tu esposa, hijos y padres en tu hogar, y ayudar a los que sufren abuso u opresión en sus hogares (ver Efesios 5:22-6:4).[iv]

+ Trabajar con compasión e interés por las personas y los grupos vulnerables, incluyendo a los huérfanos, las viudas, los viajeros, individuos y familias con necesidades especiales, y madres o padres solteros (ver Éxodo 22:21; Salmos 18; Isaías 1; Jeremías 22:13-16; Ezequiel 22:29-31; Santiago 1:27).

+ Corregir la opresión y proteger a las personas del abuso sexual, perseguir a los abusadores sexuales y crear sistemas y estructuras para rendir cuentas de forma apropiada y prevenir el abuso sexual (ver Éxodo 3:9; Deuteronomio 26:7; 2 Reyes 13:4; Salmos 9:9 y 103:6; Ezequiel 45:9).

+ Administrar las ventajas que tienes por causa de los más desfavorecidos a nuestro alrededor. Los americanos tenemos ventajas que los somalís no tienen, y algunos americanos tienen ventajas que otros americanos no tienen, así que la justicia y la misericordia dicen: "¿Qué ventaja tengo yo que pueda usar para ayudar a los más desfavorecidos?" (ver Mateo 25:14-46; Lucas 12:41-48; 2 Corintios 8:1-9 y 9:6-15).[v]

---

iv. La justicia bíblica conlleva tanto hacer lo correcto como rectificar el error. Por ejemplo, en el matrimonio es injusto que el esposo abuse u oprima a su esposa. Por lo tanto, la justicia exige impedir que el esposo maltrate a su esposa y ayudar a la esposa que está siendo maltratada. Al mismo tiempo, la justicia también incluye que el esposo ame y sirva a su esposa porque eso es lo que Dios ha dicho que es lo correcto. La justicia es tanto eliminar a los líderes corruptos como liderar con integridad. La justicia es proveer educación y recursos a los pobres para impedir el tráfico sexual, interceptar a niños que están siendo traficados y arrestar a los traficantes. La justicia es promover el valor de la vida en el vientre según el Salmo 139 y también trabajar por una legislación que proteja a los niños en el vientre.
v. Solo porque alguien tenga una ventaja no significa que deba sentirse culpable o avergonzado por esa ventaja, o que haya hecho algo mal para obtener esa ventaja. Puede ser que lo haya hecho o no; puede ser que alguien más lo haya hecho o no. Las imágenes de estos versículos conllevan administrar la abundancia por causa de las personas necesitadas.

+ Entender las necesidades y defender los derechos de los pobres y los oprimidos (ver Proverbios 29:7; 31:8-9; Isaías 1:17).

+ Ser honesto en los tratos financieros (no aceptar sobornos o extorsiones con el dinero) y penalizar a las personas por tratos financieros deshonestos (ver Proverbios 17:23).

+ Hablar de manera honesta y con amabilidad acerca de los demás, incluso (o especialmente) de aquellos con los que discrepas en tus opiniones. La injusticia incluye la calumnia, que irónicamente se produce con mucha frecuencia en discusiones sobre la justicia en la Iglesia (ver Proverbios 10:11; Efesios 4:29-32).

+ Usar cualquier liderazgo o autoridad que tengas para servir y edificar a los demás (ver Marcos 10:41-45; Filipenses 2:5-11).

+ Honrar a todas las personas y orar por ellas, y particularmente por nuestros líderes gobernantes (ver 1 Timoteo 2:1-6; 1 Pedro 2:17).

+ Someterse al gobierno y pagar los impuestos. El 15 de abril en los Estados Unidos, según el libro de Romanos, es un día para adorar a Dios pagando los impuestos a las autoridades del gobierno (ver Romanos 13:1-7).

+ Trabajar mucho y de manera honesta. En la iglesia primitiva, los cristianos de Tesalónica estaban abandonando sus empleos porque decían que Jesús regresaría pronto. Pablo sabía que eso era una alteración para la economía local y la capacidad de los cristianos de proveer para ellos mismos y para los necesitados. Por lo tanto, escribió todo un libro de la Biblia con un solo mensaje (entre otros): trabajen (ver Colosenses 3:23-24; 2 Tesalonicenses 3:6-15).

+ Promover la justicia en instituciones, leyes y políticas que afectan a otras personas. Esto significa promover leyes justas para que todas las personas vivan y trabajen según ellas y la ejecución imparcial de esas leyes, así como trabajar para que todas las personas tengan acceso a oportunidades. Este proceso incluye el reconocimiento sincero de que no todas las personas están comenzando desde el mismo lugar (ver Levítico 19:15-18, 35-36; Deuteronomio 16:19-20; Salmos 72:4; Proverbios 13:23 y 20:23).

+ Trabajar para que las personas a las que se les ha ofendido sean justamente restauradas[vi] (ver Éxodo 21:33-22:15 y 25-27; Números 5:5-10; Lucas 19:1-10).

+ Amar a tus enemigos y dejar la venganza a Dios (ver Mateo 5:43-48; Romanos 12:19-21).

La lista anterior no pretende se exhaustiva, y sin duda no es una lista de recuadros que tachar. Sin embargo, tomada en su totalidad, dibuja un cuadro de justicia y bondad que fluye de la vida que ha sido transformada por el amor de Jesús.

MARISA

Cuando pienso en lo que significa hacer justicia, me vienen muchos nombres a la mente. Uno de ellos es Marisa.

Por la gracia de Dios en el liderazgo de mi predecesor, la iglesia que pastoreo tiene un ministerio increíble hacia los individuos y las familias con necesidades especiales. Una de las

---

vi. Como aclaración, el pasaje en Lucas que habla de Zaqueo ilustra la restitución personal por injusticias realizadas por Zaqueo (aunque fuera como parte de un sistema corrupto de recaudar impuestos). Lo incluyo aquí para mostrar que los seguidores de Jesús en el Nuevo Testamento desean restauración para quienes han sido ofendidos, como Dios ordenó a su pueblo que hiciera en el Antiguo Testamento.

ubicaciones de nuestra iglesia alberga un hogar de descanso llamado La casa de Jill, que proporciona cuidado nocturno para individuos y familias con necesidades especiales de nuestra comunidad.

Marisa tiene parálisis cerebral y pasa casi todas las horas del día en una silla de ruedas. Cuando entró por primera vez por las puertas de nuestra iglesia, fue bien recibida en nuestra familia cuando personas se interesaron por sus necesidades y finalmente le presentaron a Aquel que podía suplir su necesidad más profunda. Nunca olvidaré el día en que Marisa fue bautizada. Mientras un miembro de la iglesia la sostenía por encima de la superficie del agua, ella compartía lo siguiente con nuestra familia de la iglesia:

> Llegó un punto en mi vida en el que aborrecía ir a la iglesia porque por lo general me dejaban estacionada en una esquina. Eso cambió cuando llegué a esta iglesia. Tenía trece años y quería ir a un campamento con otros jóvenes de mi edad. Alguien se ofreció a ir conmigo y ayudarme con todas mis necesidades físicas. Ese campamento fue transformador para mí. Era la primera vez que iba a una iglesia y me sentía aceptada, como si realmente quisieran que estuviera allí, orando, adorando, y divirtiéndome con ellos. Durante ese campamento le entregué mi vida a Jesús. Eso no significó que mi vida de repente fuera más fácil. Estar en una silla de ruedas ya me separaba de mis compañeros de clase en la escuela, y cuando intenté hablarles de Jesús, me separaron aún más. Realmente no tenía ningún amigo en la escuela, pero tenía aquí una familia en la iglesia que me amaba.

En cualquier reunión de adoración en la que esté, Marisa va con su silla hasta la primera fila donde canta con fuerza y escucha atentamente la Palabra de Dios. Si alguna vez has escuchado el audio de los sermones en los que Marisa está presente, inevitablemente oirás unos fuertes "amén" que vienen de una silla cerca del frente, y ahora sabrás quién es.

Seguimos a Jesús haciendo justicia y siendo amables con personas y familias con necesidades especiales.

HABIB

Cuando pienso en hacer justicia, también pienso en un viajero llamado Habib. En la Escritura, la palabra viajero se puede traducir como *inmigrante*, y es similar a *refugiado*. Describe a personas que están separadas de sus familias y de su tierra, a menudo en puestos precarios y con necesidad de ayuda de las personas entre las que viven ahora. En años recientes, hemos sido testigos de una crisis de refugiados como nunca antes en la historia, con más de ochenta millones de personas desplazadas, en peligro, o forzadas a salir de sus hogares.[23] Habib es una de ellas.

La mayoría de las personas prestan muy poca atención a la crisis de refugiados, y la atención que le damos es por lo general a través de las lentes de la opinión experta política y los debates partidistas sobre si debemos o no permitir que relativamente pocos refugiados entren a nuestro país. Es una señal segura de egocentrismo cuando tomamos el sufrimiento de millones de personas y lo convertimos en un asunto sobre nosotros mismos, nuestros derechos, nuestros trabajos o nuestro estilo de vida. Y la iglesia actual no es distinta. Las investigaciones demuestran que concretamente los protestantes evangélicos blancos están entre los más contrarios a recibir a refugiados en el país.[24]

Por fortuna, sin embargo, la historia de Habib es diferente. Él es refugiado desde su nacimiento. Sus padres huyeron con él de la violencia en Israel y llegaron a Irak. Allí conoció a su esposa, y cuando ella estaba embarazada de ocho meses, unos militantes los obligaron a huir a Jordania donde se escondieron en una mezquita y tuvieron a su bebé. Finalmente terminaron en un campo de refugiados en un duro desierto en la frontera entre Irak y Siria, donde vivieron durante seis años antes de llegar a los Estados Unidos. Fueron bien recibidos por un grupo de una iglesia que los encontró en el aeropuerto, y comenzaron el proceso para ayudar a Habib y su esposa a encontrar empleo y una escuela para sus hijos. Pero no solo ayudaron a Habib a encontrar empleo y oportunidades de educación para sus hijos, sino que también compartieron el amor de Cristo con él. Por la gracia de Dios, mediante la justicia que hicieron estos seguidores de Jesús, esta familia ahora conoce el evangelio.

Seguimos a Jesús haciendo justicia y mostrando bondad a los viajeros.

RANDY Y COURTNEY

Dios salvó a Randy y Courtney de un cristianismo cultural que les había robado la verdadera vida en Cristo durante los primeros treinta años de sus vidas. Yo estaba predicando del libro de Rut cuando Courtney, atada profundamente a un pecado oculto, oyó la voz de Dios casi de forma audible: "Te amo". Cuando ella se rindió a su amor, tras pasar de confiar plenamente en ella misma a confiar en Jesús, Él los llenó a ella y a Randy con una compasión sobrenatural. Enseguida, esa compasión se convirtió en un deseo de cuidar de los recluidos en casa, particularmente de las viudas. Randy es electricista de profesión y Courtney es enfermera, así que comenzaron a buscar oportunidades para hacer exactamente lo que dice Santiago 1:27: *Visitar a los huérfanos y a las viudas en sus tribulaciones.*

Para ser claros, cuando la Biblia describe la visita a los huérfanos y las viudas, significa algo más que decirles hola de vez en cuando. Esta misma palabra para "visitar" que aparece en Santiago 1:27 se usa para describir cómo Dios mismo visita a su pueblo para ayudarlo, restaurarlo, fortalecerlo y animarlo. Visitar a las viudas significa acercarse con un profundo interés por su bienestar y un compromiso claro de cuidar de sus necesidades. Significa usar todo lo que tenemos a nuestra mano para amarlas.

Eso es exactamente lo que hicieron Randy y Courtney, y movilizaron a otros para hacerlo con ellos. Ahora pasan sus fines de semana, y muchos días de la semana, haciendo obras bastante poco glamurosas en hogares de viudas. Arreglándoles la electricidad. Reparando la fontanería. Construyendo rampas para sillas de ruedas. Limpiando baños. Cambiando pañales. Llevándoles medicina. Estando con muchas de estas viudas hasta su último aliento.

He oído de algunas de las personas a las que Randy y Courtney han ayudado, y me encantaría que escucharas tú también de ellas:

+ "Randy y Courtney son mis amigos. Son mi familia. Creo que Dios me los envió para animarme y ayudarme. A veces le pregunto a Dios si de verdad son reales. Es como si Dios me hubiera enviado a unos ángeles para cuidar de mí. Oran conmigo, me ayudan con la casa, siempre me visitan para ver cómo me encuentro, me traen comida y bolsas de las compras, y leen la Biblia conmigo. Sé que se interesan. A veces siento que quiero llorar porque estoy muy agradecida con Dios por enviármelos".

+ "Cuando vea a Jesús, le voy a decir todo lo que Randy y Courtney hicieron para ayudarme, servirme y cuidar de mí".

+ "Estuve más de veinte años sin ningún amigo. Entonces, Randy y Courtney se convirtieron en mis amigos. Han dedicado su vida a mostrar misericordia a personas como yo. Para mí, esa es la viva imagen de quién es Jesús".

La mujer que dijo las palabras de arriba era una anciana con discapacidad y recientemente partió con el Señor. Murió de la mano de su amiga Courtney.

Seguimos a Jesús haciendo justicia y amando y sirviendo a las viudas.

PATRICIA

Finalmente, permíteme presentarte a Patricia y sus hijos. Un par de miembros de la iglesia y yo visitamos a Patricia en lo que desde afuera parecía ser una casa modesta pero bonita de cuatro habitaciones en un vecindario relativamente bueno. Al reconocer que éramos de la iglesia, Patricia nos dio la bienvenida a su hogar con una sonrisa y un niño de un año en sus brazos. Tras dejar en la cocina algunas bolsas del supermercado que le habíamos llevado, nos invitó a acomodarnos en el escaso mobiliario del salón. Lo hicimos, y ella nos habló de su historia.

En un inglés entrecortado, Patricia dijo que recientemente había huido de El Salvador después de que unos traficantes de drogas mataran a su esposo. Convencida de que ya no era seguro para ella quedarse en su país, sus padres sacrificaron todo el dinero que tenían para que ella y sus hijos pudieran mudarse a los Estados Unidos. Entró al país con sus dos hijos, uno de ellos el que sostenía en su regazo. El otro, dijo ella, estaba arriba en su cuarto porque tenía una grave discapacidad física que casi le impedía hablar, ya no digamos bajar las escaleras.

Era una historia muy difícil, pero eso no era todo. Hasta ese momento de la conversación, supuse que Patricia y sus hijos eran los únicos que vivían en esa casa, pero entonces me explicó que estaba rentando una habitación de la casa. Otras tres familias más vivían en las otras habitaciones. Ninguno de ellos se podía permitir una casa o un apartamento porque todos batallaban para llegar a fin de mes trabajando de día. Así que compartían la casa con desconocidos, esperando que sus compañeros de vivienda fueran buenas personas. Además, nos dijo que esperaba que su casero fuera decente. Había escuchado historias de mujeres a las que les exigieron intercambiar "servicios" con los dueños cuando no podían pagar la renta.

Tras haber visitado el hogar compartido de Patricia, no puedo negar que un niño que nace en mi hogar, con una mamá y un papá, un sueldo estable, acceso a través de un seguro a la mejor medicina del mundo, y acceso a una educación de alta calidad, comienza la vida con unas ventajas muy distintas a las de los hijos de Patricia. Por consiguiente, no puedo dejar de preguntarme: ¿acaso hacer justicia y amar con misericordia no significa de alguna manera trabajar para proveer oportunidades justas para los hijos de Patricia?

Cuando comparto sobre ayudar a personas como Patricia y sus hijos, algunas personas enseguida muestran su apoyo mientras que otras afirman que estoy promoviendo alguna especie de versión de un socialismo cristiano. Pero ¿acaso la justicia y la misericordia no incluyen también proteger y promover derechos y oportunidades para todos los niños y familias, y particularmente para los que tienen claras desventajas?

Algunos podrían objetar a esta línea de razonamiento, pero de nuevo, consideremos el modo en que muchos cristianos piensan sobre el aborto. Sabemos que algunos niños no nacidos tienen un riesgo mucho mayor de peligro que otros. Por lo tanto, trabajamos para asegurarnos de que todos los niños no nacidos tengan las mismas oportunidades de vivir y mejorar en este mundo, sin excepción. Si esto es cierto, entonces ¿por qué íbamos a trabajar solo para que nazcan los niños, ignorándolos después una vez que sus madres han dado a luz? Sin duda, eso es injusto (y absurdo). Sin duda, nos preocupan las vidas de los niños no solo cuando están en el vientre sino también fuera del vientre. Nos preocupa su bien en toda la vida, no solo en sus primeros nueve meses. Y también nos preocupan sus padres antes y después del embarazo.

Seguimos a Jesús haciendo justicia y misericordia con los padres solteros y los hijos y familias con claras desventajas.

¿CUÁL SERÁ NUESTRA HISTORIA?

Las oportunidades para que hagamos justicia y bondad abundan en este mundo caído. Recientemente, grabé un video corto para animar a una muchacha de quince años que ha organizado un grupo de trabajo en la comunidad para luchar contra el tráfico sexual en la zona de Dallas-Fort Worth. Momentos después de grabar ese video, hablé con una pareja de nuestra iglesia que no solo había adoptado a una bebé en tiempos recientes, sino que también compartió que su mamá biológica se había convertido en una parte importante de su familia. Tengo un mensaje en mi bandeja de entrada de un amigo mío que plantó una iglesia en una comunidad en el cinturón de pobreza donde una niña de seis años recibió un disparo hace poco tiempo. Este amigo y los miembros de su iglesia están en esas calles compartiendo y mostrando el amor de Dios cada día. Y hoy hablé con una hermana en Cristo paquistaní que está enseñando a leer a mujeres y niños perseguidos.

Además de las oportunidades que tenemos para hacer justicia de modo individual, tenemos muchas oportunidades para trabajar juntos por la justicia en los sistemas y estructuras que nos rodean. Esta es una de las muchas cosas que aprecio sobre Naomi y el doctor Zee. Sí, adoptaron dos hijos maravillosos en su familia, con uno de los cuales corrí en una carrera de cinco kilómetros el fin de semana pasado y apenas podía seguirle el ritmo, ¡aunque solo tiene siete años! Naomi y el doctor Zee organizaron esa carrera como parte de un esfuerzo por levantar fondos en su comunidad para fortalecer los orfanatos y crear consciencia en cuanto a políticas y prácticas que traten las raíces de la crisis de los huérfanos.

¿Recuerdas la historia que compartí al principio de este capítulo sobre apoyar a Naomi en un mar de niños de la calle? Naomi recuerda claramente ver a un jovencito comiendo de un contenedor de basura ese día. Esa imagen la llevó a regresar a la habitación de su hotel aquella noche, donde se arrodilló y preguntó a Dios qué podía hacer para ayudar a ese niño y a otros como él. Esa oración desembocó en el inicio de un programa tras salir de las escuelas que provee alimento para niños en el nombre de Jesús, y hace que me pregunte: "¿Qué pasaría si todos respondiéramos así a la injusticia que hay en el mundo?". ¿Qué pasaría si en lugar de ver la injusticia y seguir con nuestra vida tal como la conocemos, nos arrodilláramos y le preguntáramos a Dios qué nos está llamando a hacer al respecto? Seguro que descubriríamos que, ya sea en nuestro propio país o en otros países, hay muchas puertas abiertas ante nosotros para hacer justicia tanto de forma individual como colectiva.

Sin lugar a dudas, los cristianos a menudo han ignorado estas puertas abiertas y se han conformado con la injusticia, o incluso han contribuido a la misma. Esta es parte de la razón por la que muchos nos encontramos en un estado de desilusión y duda con respecto a la Iglesia: porque hemos sido testigos de la destrucción producida por iglesias, líderes de iglesias y cristianos que ignoran la justicia, abusan del poder, se protegen a sí mismos y toleran el mal. Toda una generación se está yendo al mundo con la esperanza de encontrar ahí justicia y bondad porque no ve estas cosas en la Iglesia.

Pero esa no tiene por qué ser nuestra historia. Miremos la historia de la Iglesia, y a pesar de los claros fallos y errores, vemos asombrosas muestras de justicia y misericordia en el mundo. Vemos a la Iglesia cuidando tanto de los pobres en el primer siglo, que "no había entre ellos ningún necesitado" (Hechos 4:34). En siglos posteriores, vemos a cristianos liderando el camino al prohibir el infanticidio, el abandono de niños y el aborto en el Imperio romano. Vemos a la Iglesia trabajando para detener las bárbaras batallas de gladiadores, instituyendo reformas en las prisiones, poniendo fin al cruel castigo de criminales, castigando justamente la pedofilia, prohibiendo correctamente la poligamia, promoviendo la educación de los pobres y proporcionando hospitales para los enfermos.

Los esfuerzos de la Iglesia por hacer justicia continuaron alrededor del mundo a medida que los cristianos, tanto mujeres como hombres, proclamaban el evangelio mientras impedían que las viudas fueran quemadas vivas con sus esposos en India, y ayudaban a prohibir la dolorosa práctica de atar los pies de las niñas en China. William Wilberforce abrió el camino para la abolición del comercio de esclavos en Inglaterra, y la iglesia afroamericana abrió el camino para promover los derechos civiles en los Estados Unidos. A lo largo de la historia de la Iglesia, muchos de nuestros antecesores en la fe hicieron justicia y mostraron misericordia mientras se aferraban firmemente al evangelio de Jesús. Dios nos diseñó para ser así, y esto es lo que Dios nos ha llamado a hacer.

Sí, varios acontecimientos a lo largo de la historia muestran a la Iglesia haciendo daño en el nombre de Jesús, ya fuera mediante las estrategias de misión colonialistas o varios esfuerzos misioneros ignorantes e insensibles, y no debemos repetir los errores del pasado. Al mismo tiempo, tampoco debemos subestimar el impacto de la proclamación del evangelio y de hacer justicia aquí y en todo el mundo. Robert Woodberry, un sociólogo que realizó una investigación durante una década sobre el efecto que los misioneros cristianos tuvieron sobre la salud de otras naciones, llegó a una impactante conclusión y dijo que cayó sobre él como una "bomba atómica". Específicamente, descubrió que "la obra de los misioneros… resulta ser el factor individual más importante a la hora de asegurar la salud de las naciones". Qué declaración. Leamos el resumen de lo que descubrió Woodberry:

> Las áreas donde los misioneros protestantes tuvieron una presencia significativa en el pasado están, en promedio, más desarrolladas económicamente hoy, con una salud comparativamente mejor, una mortalidad infantil inferior, menos corrupción, mayor alfabetismo, mayor logro educativo (especialmente para las mujeres),

y una membresía más robusta en las asociaciones no gubernamentales.[25]

Los hallazgos de Woodberry no deberían sorprender a nadie que crea en el poder del evangelio. Porque sabemos que, cuando proclamamos a Jesucristo y vivimos y amamos según ese evangelio, estas buenas noticias cambian vidas, familias y naciones.

Por lo tanto, experimentemos la buena vida. Hagamos justicia, amemos la misericordia, y caminemos humildemente con nuestro Dios. Carguemos a los huérfanos en nuestros brazos, ayudemos a las viudas en nuestras comunidades, sirvamos a los refugiados en nuestras fronteras, alberguemos inmigrantes en nuestros hogares, rescatemos esclavos de los traficantes, visitemos a las personas en las cárceles, cuidemos de las víctimas de abuso, pongámonos junto a mamás y papás con embarazos no deseados, y hagamos muchas otras cosas que son correctas para las personas como vemos ejemplificado en el carácter de Dios y expresado en la Palabra de Dios. Y hagámoslo todo a la vez que proclamamos el nombre de Jesús, particularmente en un mundo donde miles de millones de personas todavía no han escuchado la buena noticia acerca de Él.

5

RECTIFICANDO EL GRAN DESBALANCE

La pobreza de evangelio y nuestro propósito en la vida

Hay un motivo por el cual no hay muchas personas que viven en la Amazonia. El bosque tropical más grande del mundo es también uno de los entornos físicos más agresivos; sin duda, el más agresivo que he experimentado nunca.

Tras volar en una avioneta brincacharcos hasta una aldea remota, un pequeño grupo de nosotros caminamos hasta el río Amazonas donde nos esperaban un par de largas canoas motorizadas. Nos subimos a ellas, cada uno de nosotros cargando con una pequeña mochila con botellas de agua filtrada, diversos aperitivos, un cambio de ropa, y una pequeña hamaca para acampar. Comenzamos a recorrer el río con un par de hombres indígenas que serían nuestros guías y se convirtieron en nuestros amigos en el viaje, y nos encontramos cercados por densos matorrales y árboles inmensos. Ocasionalmente, se abría un pequeño claro para revelar hogares enclavados juntos en las riberas del río. Las viviendas estaban hechas de yeso con tejados de metal. Sin embargo, a medida que viajamos más hacia el interior, cualquier señal de vida de aldea era cada vez más escasa y apartada.

Cuando estábamos en lo profundo del corazón del bosque tropical, llegamos al punto de inicio de nuestra caminata. Nuestros guías vararon y aseguraron los botes, agarramos nuestras mochilas, y comenzamos a caminar.

Segundos después, estábamos rodeados de más especies de insectos que mordían y picaban de los que yo sabía que existían. ¡Y esos insectos tenían hambre! Yo llevaba pantalones largos y una camisa de manga larga, pero de una forma o de otra, lograron atravesar mi ropa para darse un festín con mi carne. Me habían dicho que rociara sobre mi ropa mucho repelente de insectos, lo que yo hice con el máximo cuidado, pero era evidente que esos insectos desayunaban repelente.

Los insectos eran muy molestos, sin duda, pero me preocupaban mucho más los jaguares y las serpientes venenosas de los que había leído como preparación para ese viaje. ¿Dónde se escondían entre los densos matorrales, a la espera de atacar? Los guías indígenas (quienes, a propósito, iban caminando con sandalias, pantalones cortos, y a menudo sin camisas) intentaban alentarnos. "No se preocupen", nos decían por medio de un traductor. "Los animales más peligrosos duermen durante el día".

Eso fue un consuelo: durante el día. Sin embargo, no alivió necesariamente mi ansiedad en la noche, cuando los jaguares y las serpientes estarían más despiertos y yo estaría menos consciente, meciéndome en una hamaca como si fuera la cena sobre una bandeja.

Después de caminar por el bosque durante horas, llegamos a nuestro campamento base y colgamos nuestras hamacas entre árboles (con tarántulas y otros bichos alrededor, el suelo no era un lugar ideal donde dormir). Cuando llegó el momento de retirarnos en la noche, nos subimos a resguardo de nuestras hamacas, nos cubrimos con redes para mosquitos, y las aseguramos detrás de nuestras cabezas. Aunque yo estaba agradecido por tener esa protección contra los insectos, sabía que la red no suponía ninguna amenaza para un jaguar.

Cuando cerré mis ojos y oré contra el hambre del jaguar, descubrí la experiencia santificante de simplemente quedar dormido en la Amazonia. Tumbado allí en la oscuridad más profunda, no puedes ver tus manos si las pones delante de tu cara, pero puedes oírlo todo; y el Amazonas cobra vida en la noche. Se oyen crujidos arriba y abajo: los chirridos, zumbidos, y clics de insectos cercanos y también el rugido lunático de monos auladores en la distancia. Hice una oración una y otra vez hasta que me quedé dormido: "Oh Dios, por favor ayúdame a pasar esta noche".

A la mañana siguiente, desperté con una gratitud sin límite porque la luz del día resplandecía entre los árboles. Lo había logrado, y también todos mis compañeros viajeros. Una hora después más o menos, emprendimos el camino.

Cada día caminábamos y cada noche nos sentábamos alrededor de una fogata con nuestros guías, hombres verdaderamente extraordinarios que llamaban hogar al bosque tropical. Juntos, comíamos fideos cocinados sobre una hoguera. Con el ruido de fondo del crujido de la leña y la vida de la jungla que nos rodeaba, aquellos hombres compartían con nosotros historias fascinantes acerca de sus familias, sus ancestros, y su modo de vida en uno de los lugares más remotos de la tierra.

Una noche, tras haber escuchado embelesados sus relatos, uno de los hombres llamado Bieto me preguntó si yo tenía alguna buena historia que contar. Me alegró complacerlo, y relaté cuatro historias breves del Evangelio de Marcos, capítulos 4 y 5, sobre que el Creador de ese bosque tropical había venido al mundo en un hombre llamado Jesús y que tenía poder sobre la naturaleza, los espíritus malos, la enfermedad y la muerte.

La noche siguiente alrededor del fuego, otro de los guías llamado Luan recordó las historias que yo había compartido. Dijo: "Cuando estabas contando esas historias, tuve una sensación inusual dentro de mí, como si se me saliera el corazón del pecho".

"Esas historias tienen esa clase de efecto en las personas", dije yo. Entonces, mis compañeros de caminata y yo tomamos turnos relatando la historia general de la Biblia: la buena noticia de que Jesús vivió una vida sin pecado, murió de una muerte sacrificial por los pecadores, y resucitó del sepulcro en victoria sobre la muerte.

Nuestra última noche del viaje, Bieto habló otra vez. "Cuando nos cuentan esas historias sobre Jesús, siento que tengo un corazón sucio. ¿Hay algún modo de que mi corazón pueda quedar limpio?".

"Esa es la buena noticia sobre Jesús", respondí. "El motivo por el que vino fue para darnos un corazón totalmente nuevo".

Fue entonces cuando Luan dijo unas palabras que no olvidaré nunca. "Estas historias sobre Jesús son muy buenas", dijo con asombro, "y parecen muy importantes. Tan solo no comprendo por qué nosotros, y nuestras tribus, y nuestros ancestros antes de nosotros nunca las escuchamos hasta ahora".

Me gustaría que pensemos en la pregunta de Luan: ¿por qué crees tú que aquellos hombres y sus familias, y aproximadamente más de tres mil millones[26] de otros hombres, mujeres y niños como ellos en todo el mundo actualmente nunca han escuchado las buenas nuevas de Jesús?

Mi argumento en este capítulo es sencillo. Aunque hay muchos factores que contribuyen a la "pobreza de evangelio" en junglas, aldeas y megaciudades en todo el mundo, una de las principales razones (si no la principal) por la que miles de millones de personas siguen sin ser alcanzados por el evangelio es que *el propósito global de Dios siempre ha enfrentado resistencia del pueblo de Dios nacionalista.*

Desde el Antiguo Testamento hasta el inicio de la Iglesia en el Nuevo Testamento y hasta la iglesia actual, el pueblo de Dios ha deseado continuamente la preservación de *su* nación más que la proclamación del evangelio en *todas* las naciones. Y, al igual que generaciones del pueblo de Dios antes que nosotros tuvieron que hacer, Dios está llamándonos a darle menos prioridad a nuestro amado país de origen (un país que algún día caerá) y más prioridad a un evangelio global que perdurará para siempre. Hacerlo no solo es urgente para miles de millones de personas que necesitan el evangelio; también es necesario para superar la desilusión y la división en la Iglesia.

EL PROPÓSITO DE TU VIDA

En este punto, podrías pensar que amas a Dios, pero, bueno, "el trabajo misionero" no es lo tuyo, de modo que este capítulo no es para ti. Estás agradecido por aquellos que *son* llamados a esa clase de trabajo y les deseas lo mejor. Sin embargo, antes de que descartes este capítulo me gustaría compartir una historia que espero te ayudará a ver que esa línea de pensamiento no solo no es conforme a la Biblia, sino que también te está robando que puedas experimentar el propósito de Dios para tu vida.

Cuando yo estaba en la universidad, comencé a ver que las páginas de la Biblia señalaban hacia una conclusión clara: el evangelio no era solamente para mí y para personas como yo, sino que era para todas las personas en todas las naciones. Tan solo veamos cómo termina la Biblia: con una escena en el libro de Apocalipsis en la que personas de toda tribu, nación y lengua se reúnen alrededor del trono de Dios y disfrutan de su presencia por la eternidad. Reconocí que *ese* resultado es el propósito supremo de Dios, y comprendí que, si yo soy parte del pueblo de Dios, entonces ese debería ser también mi propósito supremo. Si el tren de la historia se dirigía hacia ese destino, y si yo quería vivir para lo que más importa, entonces tenía que subirme a ese tren. Tenía que hacer todo lo que pudiera para que personas de toda nación disfrutaran de la salvación de Dios.

En mi mente, había solamente un modo de hacer eso. Tenía que llegar a ser un misionero en otro país, pero es ahí donde mis pensamientos necesitaban corrección, y esa corrección llegó por cortesía de un hombre llamado doctor Jerry Rankin.

En esa época, el doctor Rankin lideraba el Consejo Misionero Internacional, que anteriormente mencioné que engloba a miles de misioneros en todo el mundo. Cuando él visitó la escuela de posgrado donde yo estudiaba tras la universidad, me invitaron a llevarlo a desayunar. La noche antes de ese desayuno le dije a Heather que planeaba decirle al doctor Rankin que estábamos preparados para mudarnos al extranjero como misioneros. Ella me apoyaba totalmente, y a la mañana siguiente oramos juntos antes de salir hacia mi cita.

En el desayuno, el doctor Rankin y yo nos sentamos el uno frente al otro, pedimos nuestro desayuno, y yo comencé a expresar lo que había en mi corazón. "Doctor Rankin, veo que el plan de Dios para su gloria es ser conocido y exaltado en todas las naciones, y veo la necesidad del evangelio en muchos países, de modo que mi esposa y yo estamos preparados para salir".

Él escuchó con atención, y después no dijo nada durante unos incómodos sesenta segundos. Cuando rompió su silencio, alentó el deseo de mi corazón por las naciones, pero extrañamente no me alentó a que hiciera las maletas y me mudara. En cambio, pasó el resto del desayuno hablándome sobre la necesidad de pastores para liderar iglesias donde el evangelio ha llegado de maneras que ayuden a extender el evangelio a lugares donde no ha llegado.

Yo me sentía muy confuso. Cuando regresé a casa, Heather me preguntó enseguida: "¿Cómo te fue?".

"Creo que... creo que el líder de esta organización misionera me convenció para no llegar a ser misionero", respondí.

En su cara apareció una expresión de decepción, como si yo hubiera arruinado la entrevista de trabajo y hubiera trastocado nuestros planes para el futuro. Sin embargo, por mucho que lo intentara, no podía pensar en qué había dicho al doctor Rankin que era erróneo.

Con el tiempo, y a medida que procesé más aquella conversación, más agradecido me sentí. Estaba emergiendo una nueva manera de pensar, una que no había existido en mi mente hasta ese desayuno. Desde aquella mañana en adelante, aprendí que hay un tipo de persona que es muy apasionada acerca de la extensión del evangelio a todas las naciones, pero que no se convierte en un misionero. ¿Sabes cómo descubrí que se llama ese tipo de persona?

Se llama cristiano.

Después de todo, el Espíritu de Dios es apasionado con respecto a que todas las naciones conozcan el amor de Dios. Eso significa que, si el Espíritu de Dios habita en ti, entonces serás un apasionado para que todas las naciones conozcan el amor de Dios. Ser un seguidor de Jesús es vivir con celo de que todas las naciones conozcan a Jesús. La difusión del evangelio entre todas las naciones, por lo tanto, no es un programa para algunos elegidos. Es en realidad el propósito por el cual todos respiramos.

UN PAR DE ACLARACIONES

Ahora que vemos que este capítulo habla sobre el propósito de Dios en la historia y el propósito de tu vida, aclaremos un par de cosas.

En primer lugar, cuando la Biblia habla de "naciones" se refiere a grupos étnicos específicos o "pueblos", miles de los cuales existen en el mundo en la actualidad. No se refiere a las entidades geopolíticas que nosotros llamamos "naciones" hoy día (después de todo, la mayoría de las "naciones" actuales no existían cuando se escribió la Biblia). Sin embargo, para los propósitos de este capítulo y concretamente para aplicar estas verdades a los cristianos, la mayoría de mis referencias a "naciones" en este capítulo serán a la "nación" de Israel tal como existía en tiempos bíblicos, o a las aproximadamente 200 entidades geopolíticas que llamamos "naciones" en la actualidad.

En segundo lugar, quiero afirmar inequívocamente que soy un ciudadano orgulloso de mi nación. Me gusta vivir en el área metropolitana de Washington, D.C., la capital de mi país. A mi familia y a mí nos encanta caminar entre los monumentos del centro de la ciudad. Pienso en un viaje reciente con nuestros hijos al memorial de la Segunda Guerra Mundial cuando llegó un autobús lleno de veteranos. En una escena conmovedora y no planeada, formamos una fila de manera espontánea con otros a lo largo del camino, aplaudiendo y animando como muestra de una estima respetuosa mientras esos veteranos y sus familias caminaban lentamente o los empujaban en sillas de ruedas hacia el memorial. Les dije a mis hijos: "Estos soldados dieron sus vidas para proteger y promover las libertades que nosotros disfrutamos cada día. Nunca tenemos que dar por sentado quiénes son y lo que hicieron". Y yo no lo hago.

Me encanta ser pastor de una iglesia a la que asisten muchos veteranos y miembros del ejército y sirven como ancianos, pastores, y líderes junto a multitudes de otros miembros en nuestra iglesia que ayudan a hacer que el gobierno de nuestra nación funcione. Siento el mayor respeto por uno de nuestros pastores que sirvió por décadas como miembro de las Fuerzas Especiales, que participó en incontables misiones en todo el mundo, y que vio que demasiados de sus compañeros no regresaron a sus hogares. Mientras escribía este capítulo, el pastor Todd (como es conocido en nuestra congregación) habló en un almuerzo para honrar a exmilitares y militares en ejercicio en nuestra iglesia y nuestra comunidad. Él y otros como él son héroes en nuestra casa.

La obediencia al mandamiento de Jesús de hacer discípulos a todas las naciones no significa que no amemos nuestra propia nación. Aun así, debemos plantear la siguiente pregunta: ¿es posible que el amor por nuestro propio país pueda evitar que obedezcamos la comisión de Jesús en otros países? ¿Es posible que el orgullo por nuestra propia nación pueda alejarnos de vivir para el propósito de Dios en todas las naciones?

Claro que sí. Y ha sido así desde tiempos de antaño.

EL JONÁS EN NOSOTROS

Consideremos a un héroe nacional en Israel llamado Jonás. Durante el reinado del rey Jeroboam, Dios envió a Jonás a decirle al rey que apuntalara una larga sección de la frontera norte de Israel para fortalecer sus defensas contra su enemigo mortal: Asiria. Los asirios eran conocidos por su inmoralidad, arrogancia y brutalidad en la guerra. Sin embargo, cuando Jonás comunicó al rey la advertencia de Dios, Jeroboam consolidó las defensas de Israel y la nación quedó protegida.

Imaginemos la sorpresa de Jonás cuando Dios entonces se acercó a él y le dijo: "Ahora, ve y predica en Nínive, la capital de Asiria". En otras palabras: "Ve y predica la Palabra de Dios a tu enemigo mortal: la cruel nación que ha amenazado con tomar Israel".

¿Cuál fue la respuesta de Jonás? Huyó de Dios y de sus planes. En la ciudad portuaria de Jope, Jonás compró un pasaje hacia Tarsis, una tierra distante en dirección contraria a Nínive. Sin embargo, Dios fue tras él.

Qué buena noticia. ¿No te alegra saber que, incluso en nuestra terquedad, el pueblo de Dios no puede superar la gracia de

Dios? ¿No estás agradecido porque la capacidad de Dios de perdonarnos es mayor que nuestra capacidad de pecar?

Seguramente tú mismo (y la mayoría de los niños en la iglesia) recuerdas cómo encontró Dios a Jonás. Se levantó una violenta tormenta en el mar, y al darse cuenta de que él mismo era el motivo de la tormenta, Jonás se ofreció de voluntario para que lo lanzaran por la borda. Sin embargo, poco después de tocar el agua se lo tragó un gran pez y pasó los tres días siguientes en el interior del tracto digestivo del pez orando por liberación. Cuando Dios respondió, el pez escupió en la orilla al profeta enlodado y desaliñado.

Entonces, Dios se acercó de nuevo a Jonás y le dijo: "Ve y predica en Nínive". Esta vez, Jonás obedeció.

Jonás predicó un sermón sencillo de ocho palabras, llamando a los ninivitas a arrepentirse y recibir la misericordia de Dios. Para sorpresa de la mayoría, el pueblo de Nínive hizo exactamente eso. La Biblia dice que ese pueblo cruel "creyó a Dios", proclamó un ayuno, y se arrepintió de su pecado. Y no fueron solamente algunos; fue todo el pueblo, "desde el mayor de ellos hasta el menor".

Pero Jonás no se sorprendió. Sabía que eso iba a ocurrir y se enojó. Escuchemos su queja a Dios acerca del arrepentimiento de los asirios:

> *Ahora, oh Jehová, ¿no es esto lo que yo decía estando aún en mi tierra? Por eso me apresuré a huir a Tarsis; porque sabía yo que tú eres Dios clemente y piadoso, tardo en enojarte, y de grande misericordia, y que te arrepientes del mal. Ahora pues, oh Jehová, te ruego que me quites la vida; porque mejor me es la muerte que la vida.* (Jonás 4:1-3)

Qué afirmación tan asombrosa de la persona a quien se le confió la responsabilidad de proclamar el amor de Dios. ¡Jonás prefería morir que ver salvado al enemigo de su nación!

En lugar de dirigir a los ninivitas arrepentidos en oración y adoración, Jonás se sentó fuera de la ciudad y se enojó, deseando que Dios hiciera descender juicio sobre los asirios. Sin embargo, Dios no hizo descender juicio sobre nadie; en cambio, en su misericordia hizo crecer una gran planta para que diera sombra a Jonás y lo protegiera del calor, pero la historia no había terminado todavía. Poco después, Dios permitió que la planta se secara y muriera, y Jonás se encontró abatido otra vez.

Es aquí donde termina la historia de Jonás, no con un momento de felicidad sino con una pregunta inquietante que Dios hace a Jonás, e implícitamente, a todo el pueblo de Dios: "Tú tuviste lástima de una planta que te protege del calor del sol. ¿No debería yo apiadarme de naciones enteras que necesitan mi salvación?" (ver Jonás 4:1-11).

EL GRAN DESBALANCE

Ciertamente, yo no soy como Jonás, nos decimos a nosotros mismos. Sin embargo, no lleguemos a esa conclusión con demasiada rapidez. Examinemos al menos nuestro corazón con algunas preguntas sencillas:

+ ¿Alguna vez has querido seguir tu camino más de lo que has querido la voluntad de Dios?

+ ¿Te inclinas a conformarte con la comodidad de personas y lugares que te resultan familiares en lugar de pagar un precio para ir a personas y lugares que te resultan ajenos? ¿Especialmente si esas personas también son amenazantes para ti, o las percibes como tus enemigos?

- ¿Cuántas veces oras por el bien de otros países, y lo deseas, que pudieran ser considerados enemigos del tuyo?

- ¿Es posible que conozcas acerca del carácter de Dios en tu cabeza y sin embargo pases por alto en tu corazón la compasión de Dios por otras personas?

- ¿Tienes tendencia a desconectar la misericordia de Dios en tu vida de la misión de Dios en el mundo?

- ¿Te importan más algunas veces tus deseos terrenales que los destinos eternos de otras personas?

- ¿Qué es lo que verdaderamente quieres más: una vida cómoda en tu nación, o la extensión del evangelio en todas las naciones?

Si queremos responder con precisión a esas preguntas, necesitamos mirar nuestra vida con sinceridad a la luz del mundo que nos rodea.

Por ejemplo, podrías decir que no quieres una vida cómoda en tu nación más que la extensión del evangelio en todas las naciones. Sin embargo, ¿cuánto de tu tiempo, energía, recursos y atención estás dando para que el evangelio se extienda hasta miles de millones de personas no alcanzadas? Compara tu respuesta a esa pregunta con la cantidad de tiempo, energía, recursos y atención que estás dando para lograr que tu vida sea cómoda.

Yo no puedo responderla por ti, pero puedo responderla por nosotros como la Iglesia en los Estados Unidos. Todo está en las cifras. Los cristianos estadounidenses empleamos la mayor parte de nuestro dinero en nosotros mismos, y damos un porcentaje relativamente pequeño a nuestras iglesias y a otros ministerios diversos. De ese dinero que damos a nuestras iglesias, empleamos una grandísima parte en la construcción de edificios, en programas y eventos que giran en torno a nosotros. En todo esto, un porcentaje relativamente pequeño de nuestras ofrendas se dedica a lo que llamamos "trabajo misionero": ministerio fuera de nuestro país.

Sí, de nuestras ofrendas para el "trabajo misionero", la mayoría de los cristianos no saben qué porcentaje se dedica realmente a difundir el evangelio entre los miles de millones de personas en otras naciones que nunca lo han escuchado.

¿La respuesta?

Menos del 1 por ciento. (Es verdad; lo hemos investigado).[27]

Además de los cientos de miles de millones de dólares que empleamos juntos en la Iglesia en nosotros mismos, aproximadamente el 99 por ciento de nuestras ofrendas para el "trabajo misionero" se dirige a lugares como Latinoamérica o el África subsahariana, donde ya ha llegado el evangelio. En otras palabras, incluso cuando creemos que estamos dando para las "misiones", en realidad estamos ignorando a los miles de millones de personas que más necesitan el evangelio.

Jesús dijo: "Donde esté su tesoro, allí estará también su corazón". Es obvio que la iglesia estadounidense no tiene el corazón para llevar el evangelio a quienes nunca lo han oído; si así no fuera, según Jesús, nuestro dinero lo demostraría.

Peor aún es que el número de personas que no han oído el evangelio aumenta cada día mediante el aumento de población. Eso significa que, a menos que rectifiquemos este gran desbalance en aquello para lo que damos y vivimos, más personas que nunca seguirán muriendo y yendo al infierno sin haber oído acerca del amor salvador de Jesús. Estamos hablando de miles de millones de personas en el infierno por toda la eternidad mientras nosotros empleamos nuestros recursos en nuestras propias iglesias y nuestro modo de vida.[vii]

CAMBIAR NUESTRA VIDA DIARIA

Veamos de cerca lo que Jesús les dijo a sus seguidores, y pensemos en lo que eso implica para nuestra vida si afirmamos ser uno de sus seguidores. El primer mandamiento de Jesús a los discípulos fue: *Venid en pos de mí, y os haré pescadores de hombres* (Mateo 4:19). Su último mandamiento fue todavía más específico: *Id, y haced discípulos a todas las naciones* (Mateo 28:18-20). No fue: vengan, sean bautizados, y resistan las cosas quedándose en una ubicación. No fue: hagan una oración, asistan a la iglesia, lean la Biblia cuando tengan tiempo, sean la mejor persona que puedan ser, y donen las monedas que les sobren para las naciones que necesitan el evangelio. No, ser un discípulo de Jesús significa dejar que el propósito global de Dios en el mundo dicte todo lo que pensamos, deseamos y hacemos en nuestra familia, nuestro trabajo, y en la iglesia durante el resto de nuestra vida.

Este propósito debería guiar nuestro modo de pensar y orar cada día. Jesús nos dijo que oráramos continuamente que el nombre de Dios sea santificado y que el reino de Dios avance entre todas las naciones (ver Mateo 6:9-10). Nos dijo que oráramos sinceramente para que lleguen más obreros a los campos por todo el mundo que están maduros para la cosecha (ver Mateo 9:35-38). Nos dijo que oráramos por puertas abiertas para que el evangelio se extienda a más personas en más lugares (ver Colosenses 4:2-4).

vii. Si tienes preguntas sobre lo que la Biblia enseña de lo que sucede a las personas que mueren sin oír el evangelio, visita radical.net, y busca recursos sobre lo que sucede a las personas que nunca oyen el evangelio. O lee el capítulo 7 en *Radical: Taking Back Your Faith From the American Dream*.

En nuestra época, Dios nos ha dado tecnología para ayudarnos a hacer esto como nunca antes. Podemos utilizar herramientas como Stratus Earth, una herramienta para comprender cuáles son las necesidades espirituales y físicas de las naciones, o la parte "El no alcanzado del día" del Proyecto Josué para conocer e interceder diaria y específicamente por los miles de millones de personas que no tienen el evangelio. La oración es muy sencilla y, sin embargo, muy descuidada. Antes incluso de levantarnos de la cama en la mañana, podemos unirnos a lo que Dios está haciendo para la extensión del evangelio en Irán, Libia y Arabia Saudita. ¿Puedes pensar en una manera mejor de iniciar el día?

Pienso en una pareja, Stephen y Jamie, a la que tuve la alegría de ayudar a enviar para hacer discípulos y multiplicar iglesias en un lugar del mundo difícil y peligroso. Stephen y Jamie reclutaron a un pequeño grupo de la iglesia para que oraran fielmente por ellos y aquellos a quienes intentaban alcanzar. Cuando ellos fueron y trabajaron en esta nación lejana con poco acceso al evangelio, otros hermanos y hermanas esperaban con muchas ganas sus noticias.

"Oren por Amid; estamos a punto de compartir el evangelio con él", enviaba Steven en un texto, y el grupo oraba. "Oren otra vez por Amid; se está acercando a la fe". Eso sucedió así por años con Stephen y Jamie enviando noticias, y la iglesia orando, hasta que un día Amid llegó a la fe en Cristo.

A medida que Dios obraba como respuesta a las oraciones de su pueblo, esta historia se repitió en diferentes momentos y de diferentes maneras. ¿El resultado? Dios no solo escuchó y respondió oraciones por personas que tenían necesidad de Jesús; además, cada vez más personas en la iglesia entendieron el papel que ellos podían desempeñar (y que deberían) cada día en la extensión del evangelio entre las naciones. Llegaron a ver que para eso es la oración. En palabras de John Piper: "La oración es un *walkie-talkie* en tiempo de guerra, no un intercomunicador doméstico para avisar al mayordomo de que cambie el termostato".[28] Estamos desperdiciando el privilegio de la oración si no la utilizamos para el propósito supremo de Dios: la extensión de su gloria entre todas las naciones.

RIQUEZA PARA EL EVANGELIO

Comprender cuál es el propósito supremo de Dios también cambia el modo en que nosotros, como personas en las que habita el Espíritu de Jesús, utilizamos nuestro dinero. ¿Nos ha dado Dios dinero solamente para que podamos adquirir cada vez más posesiones, más nuevas y mejores, que no perdurarán? ¿O nos ha dado Dios una riqueza relativa para la extensión de su adoración en el mundo?

Por eso, la organización Radical comenzó una iniciativa llamada *Urgente* para identificar personas y lugares en todo el mundo donde más se cruzan necesidades espirituales y físicas. Dicho de otra manera, son lugares donde las personas están menos alcanzadas por el evangelio y experimentan el mayor sufrimiento físico. Queríamos abrir un camino para que cristianos e iglesias rectifiquen este gran desbalance y obedezcan realmente la Gran Comisión.

Las oportunidades que tenemos para participar en un trabajo como este en todo el mundo son muchas. Recibo historias de hermanos y hermanas que están difundiendo el evangelio en lugares como Corea del Norte, Somalia, Sudán, Vietnam y Bután. Recientemente, tuve un almuerzo con un grupo de hermanas y hermanos que trabajan en India, Pakistán y Afganistán donde están conduciendo a personas a Jesús, estableciendo iglesias, ocupándose de los pobres, defendiendo a los oprimidos, y trabajando para liberar a quienes están encarcelados por su fe. Me senté en la mesa lleno de alegría y humillado por la oportunidad de servir junto a hermanos y hermanas como esos en el mundo.

No solo me gusta experimentar esa alegría, sino también verla en los rostros de otros cristianos cuando comienzan a darse cuenta de las oportunidades que tenemos para ser parte de lo que Dios está haciendo para el bien de las naciones. Hace poco, recibí un correo electrónico de una estudiante universitaria que describía alegremente sus planes de utilizar sus pequeños ingresos para extender el evangelio en el Himalaya. Otro correo de un multimillonario decía que estaba donando con gusto millones de dólares para la difusión del evangelio por el norte de África y Oriente Medio, y ahora está ampliando sus esfuerzos en otros lugares.

¡Me encanta todo eso! No importa si eres un estudiante que vive comiendo fideos en una residencia universitaria, o si eres un ejecutivo con mucho dinero; por la gracia de Dios, todos tenemos un papel que desempeñar único y significativo en el propósito de Dios entre las naciones.

CUANDO DIOS TRAE LAS NACIONES A NOSOTROS

No se trata solamente de orar y hacer donativos, desde luego. *Puedes ir realmente* y hacer discípulos entre todas las naciones. Y puedes comenzar a hacerlo justamente al otro lado de la puerta de tu casa.

Millones de personas han inmigrado desde otras naciones a los Estados Unidos y a otros países, algunos permanentemente y otros temporalmente, incluidos un millón de estudiantes en campus universitarios. En el condado de Georgia, donde yo me crie, la población nacida en otros países se ha duplicado solamente en los últimos quince años. Por todo el país, grandes porcentajes de inmigrantes han llegado de lugares donde el evangelio no se ha escuchado, lo cual se evidencia por los templos hindúes y las mezquitas musulmanas que se están levantando en muchas comunidades.

Tristemente, como ya mencioné, la investigación muestra que los cristianos evangélicos son algunos de los estadounidenses más molestos con estos recién llegados. No estoy suponiendo en absoluto que no haya preocupaciones significativas con la legislación sobre inmigración de nuestro país (o la falta de esta); sin embargo, de todas las personas en el país, ¿no deberían ser los seguidores de Jesús los primeros en alegrarse de que, en un sentido muy real, Dios esté trayendo hasta nosotros a multitudes que han estado muy lejos de Él a fin de que podamos compartir con ellos la mejor noticia del mundo?

He visto desarrollarse esa situación en mi propia iglesia. De hecho, pienso en dos semanas en nuestra iglesia en las que vi desarrollarse esta realidad tres veces consecutivas.

Después de la reunión un domingo, yo estaba en el vestíbulo cuando una mujer de Oriente Medio llamada Celine se acercó a mí. Parecía estar muy nerviosa. Me dijo que nunca antes había estado en una iglesia, y que su familia no aprobaba que ella estuviera allí. Sin embargo, había tenido un sueño la noche antes en el que alguien en el sueño le dijo que fuera a nuestra iglesia y escuchara.

"Cuando usted habló sobre Jesús", dijo Celine, "supe inmediatamente que quería poner mi confianza en Él". La puse en contacto con una de las mujeres que son líderes de nuestra iglesia, y no pasó mucho tiempo hasta que Celine fue bautizada.

Al domingo siguiente, un miembro de nuestra iglesia al que llamaré Jasmine, que es de descendencia persa y habla farsi, estaba sentada en su auto en el estacionamiento a punto de entrar cuando una joven llamada Ariana dio golpes en la ventanilla. Jasmine bajó la ventanilla para preguntarle si necesitaba ayuda.

"Nunca antes he estado aquí", dijo Ariana, "y no sé dónde ir. Lo único que sé es que anoche tuve un sueño, y un hombre en el sueño dijo que tenía que venir aquí. ¿Puede ayudarme?".

Jasmine sonrió y se bajó del auto de inmediato para hablar con ella, y supo que Ariana había nacido en Persia y hablaba farsi. Jasmine compartió con ella el evangelio aquel día en su lengua materna, y poco después Ariana fue bautizada como seguidora de Jesús.

La semana siguiente, me vi en la necesidad de tomar un vuelo de último minuto. El único vuelo que pude encontrar era a las 5:30 de la mañana en un aeropuerto que estaba aproximadamente a una hora de mi casa. Desperté antes de las 3:00 de la mañana, todavía somnoliento contraté un Uber, y cuando llegó la hora señalada me subí a un auto con un conductor de Oriente Medio llamado Hasim. Entablamos una pequeña charla, y Hasim me preguntó cómo me ganaba la vida. Yo le dije que era pastor, y entonces vi en el espejo retrovisor que le brillaban los ojos. "Debo contarle una historia", me dijo.

"Como musulmán, creemos que Jesús fue un profeta y un gran hombre, pero no era Dios en la carne como creen los cristianos. Sin embargo, una noche tuve un sueño y vi a un bebé diminuto que me hablaba tan claramente como hablaría un adulto. El bebé me miró directamente y me dijo: 'No cuestiones ni menosprecies lo que Dios puede hacer'". Entonces, Hasim me preguntó: "¿Sabe usted lo que significa ese sueño?".

Yo sonreí y dije: "Hasim, no digo que soy un intérprete de sueños, pero sé exactamente lo que significa ese sueño". Mi segundo nombre es José, después de todo (ver Génesis 40–41 si esa referencia no tiene sentido).

Entonces continué. "Hasim, sé con certeza que Dios te ama, y Dios ha hecho lo impensable. Dios ha venido a este mundo, a ti y a mí, para pagar el precio por el pecado al morir en una cruz". Yo sabía que los musulmanes niegan que Jesús murió en una cruz, pero continué: "Jesús es Dios en la carne, y ha muerto en la cruz para hacer posible que tus pecados sean perdonados y que seas restaurado para tener una relación con Dios".

Se formaron lágrimas en los ojos de Hasim, y se disculpó mientras se limpiaba la cara. Yo le aseguré que no eran necesarias sus disculpas, ¡mientras mantuviera su mirada en la carretera! Sonrió y dijo: "No puedo creer que estemos teniendo esta conversación". Yo estaba sentado en el asiento trasero sonriendo, preguntándome si ese auto podría ser un carro con un oficial etíope (ver Hechos 8 si esa referencia tampoco tiene sentido).

Llegamos al aeropuerto, y pregunté: "¿Crees eso, Hasim? ¿Crees que Jesús es Dios en la carne que vino a morir por tus pecados? ¿Y estás dispuesto a seguirlo en tu vida, comenzando desde hoy?".

"Sí, creo eso", dijo él, "y quiero seguir a Jesús".

Sin duda, Hechos 17:26-27 es verdad: Dios está orquestando de manera soberana el movimiento de personas de diferentes naciones (inmigrantes y refugiados igualmente) para que puedan encontrar a Jesús.

Sin embargo, créeme que, si compartes esta verdad de la Palabra de Dios, sin importar cuántas advertencias hagas diciendo que no estás defendiendo una posición política en particular sobre inmigración o refugiados, serás catalogado de izquierdista cuya ideología es dañina para el futuro del país. Es asombroso cómo el celo por una nación (e incluso posturas políticas específicas) supera la pasión por compartir el evangelio con personas a las que Dios está trayendo hasta nosotros desde otras naciones.

HAZ USO DE TU PROPIA VIDA

A lo largo de mis años como pastor, he visto a muchas personas buenas resistirse a cualquier llamado a difundir el evangelio en otros países. Algunos dicen que ya tenemos suficientes necesidades y problemas en el país, de modo que deberíamos enfocarnos en eso. Y, para ser claros, la Biblia nunca enseña que todos los cristianos deberían hacer las maletas y mudarse a vivir a otro país. Sin embargo, en un mundo en el que miles de millones de personas ni siquiera tienen acceso al evangelio, con toda certeza Dios está llamando a muchos más de nosotros a ir hasta ellos. Incluso si nosotros no vamos, bíblicamente Él nos llama a todos a ser parte de ayudar a extender el evangelio y que llegue hasta ellos.

Esto es más cierto todavía cuando reconocemos que, con la globalización, la urbanización, la facilidad de viajar y la nueva tecnología, tenemos más oportunidades que nunca antes para extender el evangelio a todas las naciones. El apóstol Pablo solamente podía haber soñado con los privilegios que nosotros tenemos. Necesitaba meses para navegar desde una ciudad a otra, y nosotros podemos dar la vuelta al mundo en menos de un día. Él tenía que escribir cartas manuscritas que tardaban semanas en llegar a sus receptores. Con la llegada del internet, las redes sociales, y el surgimiento del metaverso, combinado con avances en *software* de traducción, podemos comunicarnos con personas en todo el mundo en tiempo real.

Recientemente me reuní con un grupo de conocidos innovadores, influyentes y líderes en diferentes sectores de la sociedad, desde los negocios y la tecnología hasta los deportes y el entretenimiento. Todos ellos son seguidores de Jesús, y juntos exploramos la multitud de maneras en que podemos aprovechar las oportunidades que tenemos delante de nosotros para alcanzar a quienes no han escuchado el evangelio. ¿Qué es posible mediante todas las plataformas, herramientas y recursos que Dios ha puesto a nuestra disposición hoy día? Es estimulante considerar las oportunidades históricamente únicas que Dios nos ha dado para llevar a cabo su propósito en el mundo.

Pensemos solamente en las oportunidades de trabajo que existen en lugares donde no ha llegado el evangelio. En los últimos meses, un esposo en nuestra iglesia aceptó un empleo en África Occidental y se mudó allí con toda su familia. ¿Por qué? Para extender el evangelio entre personas no alcanzadas. Una mamá soltera de nuestra iglesia aceptó un empleo en el sur de Asia y se mudó de allí con su hijo con el mismo propósito. Tenemos a cientos de personas que esperan seguir su ejemplo. Estoy viendo a miles de estudiantes de secundaria y universitarios que piensan en cómo obtener títulos que les abrirán puertas para extender el evangelio en otras naciones. Pienso en una estudiante de enfermería que se graduó de la universidad y aceptó un empleo en el Oriente Medio. Ahora está a cargo de la enfermería en su hospital, y está compartiendo el evangelio con personas cada semana. O también pienso en un seguidor de Cristo llamado Hugh, al que conocí en un avión y cuyo negocio de plomería se está ampliando a otros países en el mundo, quien está creando caminos completamente abiertos no solo para el comercio sino también para la difusión del evangelio.

Podría dar un ejemplo tras otro, pero ¿ves lo que está sucediendo? Dios ha manejado este sistema (¡el mundo!) para que su gloria se extienda. Naciones sin el evangelio (muchas de las cuales se oponen al evangelio) en realidad (y sin darse cuenta) están patrocinando la difusión del evangelio hacia sí mismos. La pregunta es la siguiente: ¿aprovechará el pueblo de Dios sus propias vidas y se unirá a la obra de Dios para que se cumpla el propósito de Dios, o no?

LA ETERNIDAD ESTÁ EN JUEGO

Necesitamos ver la tendencia en cada uno de nuestros corazones a resistirnos a este propósito global, al igual que ha hecho el pueblo de Dios a lo largo de la historia. En Génesis 11 el pueblo se negó a dispersarse para extender la fama de Dios, escogiendo quedarse en un solo lugar y hacerse un nombre para sí mismos. Según Isaías 56 en el Antiguo Testamento, Dios estableció todo un atrio en el templo para que los gentiles pudieran adorarlo, pero como vemos en Marcos 11 en el Nuevo Testamento, personas establecieron tiendas en ese atrio para obtener beneficios para sí mismos mientras los gentiles se iban al infierno.

Incluso cuando el evangelio comenzó a difundirse en el libro de Hechos, Pedro fue criticado por predicar a personas que no eran judías. De hecho, la iglesia predominantemente judía quiso crear barreras para que los gentiles entraran en la iglesia, esperando reservar las buenas noticias para su propia nación. Incluso la pregunta que los discípulos hicieron a Jesús al comienzo de Hechos ("Señor, ¿restaurarás el reino a Israel en este tiempo?") muestra que todavía seguían pensando en su propio pueblo más que en un reino que se amplía hasta todos los pueblos.

No debería sorprendernos nada de eso. Hay un adversario en este mundo que no quiere que el evangelio llegue a todas las naciones; quiere que haya tantas almas como sea posible en el infierno, y está comprometido diabólicamente a evitar que las naciones oigan acerca del reino de los cielos. Utilizo este lenguaje con una gran intencionalidad y solemnidad. De nuevo, estamos hablando sobre más de tres mil millones de personas (una cifra que aumenta cada día) que están separadas de Dios por su pecado, están en un camino que conduce a un infierno eterno, y no pueden ser salvas de ese destino a menos que oigan y crean el evangelio.

Dios, ayúdanos a sentir el peso de esa verdad.

¿Por qué no estamos hablando de personas no alcanzadas todo el tiempo en nuestras vidas, en nuestras familias, y en la iglesia hoy día? ¿Por qué no estamos orando, ofrendando, yendo, enviando, apoyando y sacrificándonos de todas las maneras posibles para difundir el evangelio entre todas las naciones? Sin duda, no diríamos esto en voz alta, pero ¿podría ser que nos hemos acostumbrado a una cultura en la iglesia en nuestros países que parece bastante contenta con dejar que miles de millones de personas vayan al infierno?

No es extraño que estemos desilusionados. Sin importar cuánto finjamos, no podemos creer que experimentaremos la plena satisfacción y gratificación de la presencia de Dios con nosotros si ignoramos por completo el propósito de Dios para nosotros.

Y claro que estamos divididos. ¿Acaso nuestras discusiones (y nuestras perspectivas sobre los desacuerdos) no cambiarían en la Iglesia si colectivamente tomáramos el tiempo para mirar las caras de refugiados que sufren en Siria y familias que pasan hambre en Sudán y que están en un camino que conduce al infierno y nunca han escuchado que Jesús quiere que vayan al cielo? ¿No tendríamos menos inclinación a pelearnos entre nosotros y más inclinación a pelear por ellos?

¿QUÉ ESTAMOS CELEBRANDO?

Recientemente, vi un video en redes sociales de una muchacha a la que llamaré Cristina, que pronto iba a graduarse de la secundaria. Cristina es miembro de la Iglesia de Jesucristo de los Santos de los Últimos Días, un grupo conocido comúnmente como mormones. De forma tradicional, casi todos los estudiantes mormones que se gradúan de la secundaria emplean el año siguiente en algún lugar lejos de su hogar compartiendo las enseñanzas de Joseph Smith. Para ser claros, ese no es el evangelio bíblico que salva, sino un evangelio falsificado que condena.

En el video, Cristina estaba en su casa leyendo una carta que había recibido que le informaba a dónde la llevaría su próxima misión. Mientras la leía, temblaba con una emoción nerviosa. Cuando llegó a la parte que detallaba su siguiente tarea (en algún lugar del mundo lejos de su familia para compartir el mormonismo), su cara se iluminó con una gran sonrisa. Inmediatamente, el plano se abrió y reveló a su familia y a muchos otros que habían acudido a su casa para animar y gritar como celebración.

¿A qué se debe eso? ¿Por qué una muchacha adolescente de una secta (una secta con un evangelio falsificado y que condena) está más emocionada y comprometida a ir a las naciones que los cristianos con el verdadero evangelio de Jesucristo? ¿Y por qué nosotros como la Iglesia (la verdadera esposa de Cristo) no estamos levantando a la siguiente generación con la expectativa de que llevarán el evangelio a las naciones mientras nosotros los alentamos con pasión?

Pienso en todos los estudiantes con los que paso tiempo en nuestra iglesia y en campus universitarios. Muchos de ellos me dicen que el mayor obstáculo para llevar el evangelio a las naciones es en realidad sus padres cristianos. Los padres les dicen a sus hijos que estudien, practiquen deportes, aprendan a tocar instrumentos, y estamos supervisando horas y horas que pasan delante de una pantalla. Damos prioridad a llevarlos de un lugar a otro para realizar todo tipo de actividades, diciéndoles que necesitan una buena educación para que así puedan obtener un buen título y encontrar un buen empleo para ganar dinero y tener una buena familia y después una buena jubilación. Todas ellas no son preocupaciones que sean indignas; sin embargo, en medio de todo, necesitamos plantear una pregunta más significativa: ¿cómo estamos formando a nuestros hijos para que lleven a cabo la Gran Comisión?

O pensemos en una pregunta potencialmente más importante que ésa: ¿están mostrando los padres y otros adultos (jóvenes y viejos igualmente) a la siguiente generación cómo es una vida comprometida con la Gran Comisión? ¿Ven los estudiantes actuales en sus papás y mamás, en hombres y mujeres que les rodean en la iglesia, un celo por la gloria de Dios y un amor por todas las personas, incluyendo a quienes podrían ser percibidas como enemigos? ¿Ven una pasión que consume, un impulso y una visión hacia la proclamación del evangelio en todas las naciones? Porque esa es la visión del cristianismo que vemos en la Biblia, y es totalmente diferente a la visión que se está lanzando en nuestros países.

Es momento para que nosotros, como pueblo de Dios, volvamos a calibrar nuestras prioridades y recuperemos nuestro propósito. Seas un estudiante, un adulto, o estés en cualquier lugar intermedio, es correcto alabar a Dios por los dones y regalos que Él nos ha dado, y es bueno transmitir esos regalos a la siguiente generación. Sin embargo, es infinitamente más importante, satisfactorio y unificador entregar nuestras vidas para transmitir la buena noticia de Jesús a todos los Luan, Bieto, y *otros tres mil millones* de personas cuya eternidad depende de que escuchen y crean el evangelio.

DIOS, NUESTRA OBSESIÓN

El gran fin del evangelio

Estaba yo sentado en la primera fila de una iglesia llena de personas en Seúl, Corea del Sur, mirando mis notas mientras me preparaba para predicar. Cuando uno de los pastores de la iglesia pasó al centro del escenario y comenzó a hablar, yo no estaba prestando mucha atención. Hasta que sucedió *eso*.

Sin advertencia previa, un rugido de voces llenó toda la sala. Asombrado, miré alrededor mientras todos gritaban lo que sonaba como decir: "¡Ju-yeo!". Entonces, comenzaron a hablar y gritar, algunos con la cabeza agachada, otros con las manos levantadas, la mayoría de ellos con sus ojos cerrados, y todos con un celo apasionado. Parecía que cada persona allí estaba rogando o clamando con desesperación.

Me volteé con mi amigo y traductor y le pregunté: "¿Qué está pasando?".

"Están orando", me respondió. "Lo que suena a 'Ju-yeo' es 'Señor' en español".

"¿Qué dijo el pastor que los llevó a orar así?", pregunté. "¿Pasa algo?".

"El pastor no dijo nada inusual. Sencillamente ese es su modo de orar".

Esa escena de desesperación no se detuvo. Siguieron orando y orando. Mi amigo me explicaba parte de lo que estaba oyendo: "Algunos están alabando a Dios. Algunos agradecen a Dios por su gracia en sus vidas, en sus familias y en la iglesia. Otros están confesando pecado, y otros están intercediendo por personas que tienen necesidad".

"¿Cuánto durará?", pregunté.

"Hasta que terminen", me respondió. "Los viernes en la noche hasta el sábado en la mañana pasan toda la noche orando en lugar de dormir. Otros se reúnen a las 4:00 cada mañana para orar durante una hora, dos o tres".

Miré a la sala y comprendí que la multitud no se había reunido aquella noche porque estuvieran emocionados por escuchar a la última y mejor banda cristiana coreana. Tampoco se reunían porque tuvieran ganas de escucharme predicar. Una multitud de personas había llenado ese edificio porque tenían celo por tener un encuentro con Dios.

Ni una sola vez en los cuarenta años que he sido parte de iglesias había experimentado una oración tan desesperada como aquella; y la mitad de ese tiempo era yo quien *lideraba* en la iglesia. Ni una sola vez me había reunido con una congregación a las 4:00 de la mañana para orar durante dos o tres horas, y mucho menos cada mañana. Y ni una sola vez había orado o dirigido a la iglesia en oración juntos durante toda la noche sin dormir.

Al escuchar ese rugido de oraciones, esas voces urgentes y apasionadas que se elevaban a Dios, comprendí algo. Yo soy una parte y un líder en la cultura eclesial estadounidense a la que le gusta hacer muchas cosas: participar en programas y actividades, reunirse para discutir ideas y planes, y crear eventos y entretenimiento, conciertos y conferencias, o iglesias enteras que giran en torno a músicos y conferencistas carismáticos. Sin embargo, en pocas ocasiones nos reunimos con celo solamente por tener un encuentro con Dios.

Es como si en la iglesia actual miráramos a Dios como un medio hacia todos esos fines en lugar de buscar a Dios y estar satisfechos en Dios como el fin. Al acercarme a la conclusión de este libro, creo que esa es una de las razones principales, si no *la* razón principal, por la que la iglesia actual está en su estado presente. Por demasiado tiempo, el evangelio actual ha alimentado deseos de toda clase de cosas diferentes a la cosa, o más apropiadamente Aquel, que más necesitamos. Y creo que eso significa que nuestra mayor necesidad al avanzar, por encima de todo lo demás, es simplemente clamar con una desesperación individual y colectiva para que Dios, y solamente Dios, sea el premio de nuestras vidas en la Iglesia.

EL REGALO DEL EVANGELIO

Dios mismo es el fin (el mayor regalo, la meta suprema, y el premio atesorado) del evangelio bíblico. Esto es evidente en la Biblia de cubierta a cubierta. Imaginemos a Adán, la primera persona en el libro de Génesis, levantado de un montón de polvo para estar de pie delante de Dios. Por primera vez, un ser humano es consciente, capaz de ver, pensar, sentir y moverse. Dios le dice: "Mira ese polvo. Eso es lo que tú eras hace un segundo. Yo soplé vida en tus pulmones, y aquí estás, conmigo". Adán mira a Dios con asombro y comienza a caminar con su Creador en una adoración desinhibida. La belleza de esa escena en el jardín pronto incluye a Eva a medida que se desarrolla esta verdad impresionante: hombres y mujeres fueron creados para experimentar la vida al máximo en una comunión con Dios pura y no adulterada.

Sin embargo, ese asombro, esa adoración y comunión perfecta no duraron para siempre. El pecado la destruyó, creando una separación entre las personas y Dios que permanece hasta el libro de Apocalipsis, cuando el cielo desciende a la tierra y la Biblia declara una vez más: *He aquí el tabernáculo de Dios con los hombres, y él morará con ellos; y ellos serán su pueblo, y Dios mismo estará con ellos como su Dios* (Apocalipsis 21:3). Parece que lo que hace que el cielo sea tan asombroso no son las calles de oro o mansiones hermosas que hemos imaginado tantas veces en nuestro evangelio actual, como si Dios estuviera intentando competir con nuestra prosperidad económica o superarla. Lo que hace que el cielo sea tan impresionante es la realidad de que los seguidores de Jesús están al final y perfectamente con Dios, Aquel que es mejor que todas las mejores cosas de este mundo juntas.

Toda la historia de la Biblia desde Génesis 1 hasta Apocalipsis 22 es la historia de mujeres y hombres que anhelan tener ese tipo de comunión con Dios. El salmista lo expresa muy bien: *Una cosa he demandado a Jehová, esta buscaré; que esté yo en la casa de Jehová todos los días de mi vida, para contemplar la hermosura de Jehová, y para inquirir en su templo* (Salmos 27:4). *Una cosa*, dice. Más que nada, quiere estar con Dios. Quiere mirarlo. Quiere hablar con Él. Todo de Dios es lo único que quiere.

Hagamos una pausa para preguntar: ¿es eso lo único que nosotros queremos?

¿O queremos muchas otras cosas? Seamos sinceros. ¿Es Dios el *fin* (la meta, el regalo, el premio de nuestra vida), o es simplemente un *medio* hacia multitud de otros resultados muy deseables?

BUSCAR, TENER SED, DESFALLECER

Esto es lo que me asombra acerca del Salmo 63. Escuchemos el lenguaje de David: *Dios, Dios mío eres tú; de madrugada te buscaré; mi alma tiene sed de ti, mi carne te anhela, en tierra seca y árida donde no hay aguas* (Salmos 63:1). ¿No parece eso como si Dios fuera lo *único* que David quería y buscaba con toda sinceridad?

El verbo "buscar" en ese pasaje de la Escritura es hermosamente poético, relacionado con el sustantivo hebreo para amanecer, creando la imagen de un hombre que, desde el primer momento en que se levanta en la mañana, tiene sed de Dios como si estuviera en un desierto desesperado por encontrar agua. Más adelante en el mismo capítulo, David escribe que tiene hambre de Dios más que de alimento. Tal anhelo por Dios domina el día de David hasta la noche. Él le dice a Dios: *Cuando me acuerde de ti en mi lecho, Cuando medite en ti en las vigilias de la noche* (v. 6).

David parece bastante obsesionado, ¿no es cierto? Como un muchacho que no puede dejar de pensar en la muchacha que ama. Como un adicto que está convencido de que, si pudiera tener *esa cosa*, entonces estaría satisfecho.

Mientras más leemos en la Biblia, más descubrimos que la obsesión con Dios es lo que significa la fe realmente. Pensemos en las palabras de Pablo en Filipenses: *Porque para mí el vivir es Cristo, y el morir es ganancia* (1:21). Vaya declaración. Pablo no puede esperar a morir porque sabe que eso significará que estará con Dios. Por eso escribe: *Teniendo deseo de partir y estar con Cristo, lo cual es muchísimo mejor* (1:23). El lenguaje es como cuando yo estoy fuera de la ciudad en un viaje largo y envío un mensaje de texto a mi esposa, diciendo: "Te extraño mucho, y no puedo esperar a que termine lo que estoy haciendo y estar en casa contigo". Pablo dice: "Eso es lo que yo siento con Jesús. ¡Simplemente quiero estar con Él!".

La obsesión es fundamental para ser un seguidor de Jesús. A una multitud de personas en Lucas 14:26 Jesús les dice: *Si alguno viene a mí, y no aborrece a su padre, y madre, y mujer, e hijos, y hermanos, y hermanas, y aun también su propia vida, no puede ser mi discípulo.* Obviamente, sabemos por lo que dice la Escritura que tenemos el mandamiento de honrar a nuestro padre y nuestra madre, y ocuparnos de nuestros hijos y nuestra familia. Sin embargo, Jesús nos está invitando a una relación de amor apasionado con Él que hace que incluso nuestras relaciones más cercanas en el mundo parezcan aborrecimiento en comparación. Por eso dice también en Mateo 10:37: *El que ama a padre o madre más que a mí, no es digno de mí; el que ama a hijo o hija más que a mí, no es digno de mí.*

Esto nos lleva al corazón de lo que significa ser cristiano. El cristianismo es obsesión extrema con Dios hecha posible por el evangelio de Jesucristo.

AMORES MENORES

Sin embargo, no puedo evitar llegar a la conclusión de que tal obsesión falta en gran parte entre nosotros, e incluso nos resulta ajena. En lugar de que Dios sea la *adicción* consumidora en nuestras vidas (lo único que queremos), parecemos contentarnos con hacer que Dios sea una *adición* conveniente para nuestras vidas (junto con muchas otras cosas que queremos). Hemos creado toda una imagen del cristianismo en nuestra cultura en la que simplemente hemos añadido a Dios junto a toda clase de otras personas y cosas que amamos.

Amamos a la familia, los amigos, la salud, el trabajo, el dinero, el éxito, el sexo, los deportes, el ejercicio, la comida, y multitud de otras cosas en este mundo. Claro que creemos en Dios, y decimos que lo adoramos; sin embargo, ¿queremos a Dios más de lo que queremos a la familia o los amigos? ¿Queremos a Dios más de lo que queremos la comodidad o el éxito? ¿Queremos a Dios más de lo que queremos el dinero, las posesiones, o cualquier número de placeres en este mundo? ¿Queremos a Dios más de lo que queremos caer bien? ¿Queremos pasar tiempo con Dios más de lo que queremos dormir, hacer ejercicio, y multitud de otras cosas que llenan nuestros horarios tan ocupados? ¿Queremos la Palabra de Dios más de lo que queremos el alimento cada día?

Incluso plantear las preguntas anteriores puede causar que nos preguntemos: "¿Es malo que ame a mi familia? ¿Es malo que realmente los ame mucho? ¿Es malo decir que moriría por ellos? Es más, ¿es malo disfrutar de la comodidad, el éxito, el dinero, las posesiones, los placeres, una buena reputación, sueño, ejercicio, alimento, y muchas otras cosas buenas que Dios nos da?".

La Biblia responde esas preguntas con un *no* rotundo. En palabras de 1 Timoteo 6:17: *Dios... nos da todas las cosas en abundancia para que las disfrutemos.* Es correcto bíblicamente amar a nuestra familia y nuestros amigos, estar dispuestos a morir por otras personas, y disfrutar de toda clase de cosas buenas que vienen de la mano de Dios.

Sin embargo, aquí llegamos a un problema potencial. Si no tenemos cuidado, podemos recibir y disfrutar esas cosas buenas de tal modo que comencemos a amarlas más de lo que amamos al Dios que nos las da. De hecho, me gustaría llevarlo un paso más allá. Es peligrosamente posible que cada uno de nosotros ame familia, salud, pasatiempos, posesiones o placeres en este mundo, e incluso demos gracias a Dios sinceramente por esas cosas, *pero en realidad no amemos a Dios.*

¿A qué me refiero?

Imagínate a ti mismo a solas en el mar en medio de una tormenta. Tu bote diminuto se llena de agua rápidamente, y sabes que estás a punto de ahogarte. Entonces, por encima de las olas ves un gran barco que se dirige hacia ti. Se sitúa al lado de tu diminuto bote y la tripulación te saca del agua. ¿No estarías aliviado?

Sin embargo, detente y plantéate la pregunta: ¿significa sentirte agradecido porque ese barco te rescató que ahora amas al capitán de ese barco? Tal vez sí, pero tal vez no.

Fíjate que es posible amar el rescate sin realmente amar al rescatador.

Creo que este escenario describe lo que muchas personas en la actualidad llaman cristianismo. Muchas personas no quieren ir al infierno, y con alegría aceptarán agarrarse a un supuesto salvavidas para ir al cielo; sin embargo, cuando miramos nuestras vidas, es cuestionable si realmente queremos a Aquel que nos salva. En otras palabras, es posible que disfrutemos agradecidamente de toda clase de cosas buenas, e incluso demos gracias a Dios por ellas, pero esencialmente nuestros corazones en realidad no aman al Dador. Nuestros corazones aman los regalos.

Y amar y desear los regalos más que al Dador no es cristianismo. Es idolatría.

¿QUÉ ES LO QUE MÁS AMAS?

Por lo tanto, ¿por qué son así nuestros corazones, y cómo podemos experimentar amor por el Dador por encima de sus regalos? La Palabra de Dios responde esas preguntas de maneras que son a la vez claras y contrarias a la lógica. En otras palabras. Dios ha hablado con mucha claridad de una manera que va totalmente en contra de cómo somos.

Veamos la introducción del Salmo 63, a la que ya hemos hecho referencia, y leeremos: "Salmo de David, cuando estaba en el desierto de Judá". No conocemos la ubicación exacta en la que estaba David cuando escribió estas palabras, pero la mayoría de los eruditos bíblicos creen que estaba huyendo durante la rebelión de su hijo Absalón. Sea eso cierto o no, sabemos que David estaba en un lugar oscuro, privado de muchos de los regalos que antes disfrutaba: comodidad, prosperidad, una buena reputación, comunión con su familia y con el pueblo de Dios, y la seguridad que se encuentra en todas esas cosas. Estaba físicamente en peligro de muerte a manos de "los que para destrucción buscaron mi alma" (Salmos 63:9). En otras palabras, David estaba desesperado.

Sin embargo, no de la manera en que muchos de nosotros pensamos en la desesperación. Muchas veces, cuando estamos en el "desierto", estamos desesperados por *cosas* que nos faltan, ya sea comodidad, prosperidad, una buena reputación o cualquier otro número de cosas buenas. O tal vez incluso justicia para quienes nos están causando daño. Y, cuando leemos detenidamente varias de las oraciones de David en la Biblia, nos damos cuenta de que sin duda no es erróneo querer o pedir esas cosas.

Pero David sabía que, más que necesitar algo, necesitaba a *Alguien*. Eso es lo destacable acerca de su respuesta en aquel desierto. En lugar de anhelar todo tipo de cosas buenas, David expresa un anhelo por Dios mismo. Escuchemos de nuevo a David en el Salmo 63:

Te busco intensamente *a ti*, no tus regalos.

Mi alma tiene sed *de ti*, no de tus regalos.

Mi carne te anhela *a ti*, ¡te quiero a ti!

Te he mirado *a ti*, te he visto *a ti*, me aferro *a ti*, pienso *en ti* toda la noche, mi alma está satisfecha *en ti*...

Lo que es mejor que todos los regalos de Dios juntos es Dios mismo.

Pablo también sabía eso. Cuando escribió el libro de Filipenses, un libro en el que muestra claramente su pasión por estar con Jesús, estaba en la cárcel. Privado de toda clase de cosas buenas, su libertad incluida, escribe: *He aprendido a contentarme, cualquiera que sea mi situación. Sé vivir humildemente y sé tener abundancia* (Filipenses 4:11-13). ¿Cuál es el secreto? La comunión con *Cristo que me fortalece* (Filipenses 4:13). Según Pablo, hay fortaleza y satisfacción que se encuentran solamente en Jesús y sobrepasan con mucha diferencia cualquier regalo que Él nos da (o no nos da).

De hecho, justamente antes de que Pablo escriba acerca de este secreto, enumera cosas buenas específicas que él ha tenido en este mundo: una buena familia, estatus social, posiciones de liderazgo e influencia, y una reputación extraordinaria. Sentado en aquella celda de la cárcel, muchas de esas cosas buenas ya no estaban; sin embargo, en lugar de anhelar esas cosas, dice que todas ellas son como "basura" (literalmente, ¡dice que son como estiércol!) comparadas con una cosa: conocer a Jesús (Filipenses 3:7-10). Pablo creía realmente que Jesús era infinitamente mejor que todas esas cosas buenas juntas.

Regresemos a nuestras preguntas. En primer lugar, ¿por qué nuestros corazones anhelan los regalos por encima del Dador? ¿Podría ser que no estamos viendo cuán verdaderamente satisfactorio es Dios, revelado a nosotros en carne en la persona de Jesús? Esto parece estar en la raíz del primer pecado en el mundo. Adán y Eva escogieron un regalo (una pieza de fruta y todas las cosas buenas que pensaban que les produciría) por encima de Dios. Perdieron de vista quién era Dios y la satisfacción rebosante e infinita que Dios deseaba darles en sí mismo. Y, desde aquel día, todos hemos perdido de vista lo mismo.

Sin embargo, examinemos el Salmo 63 y observemos que David está abrumado por la bondad, la gloria y el poder de Dios cuyo amor es mejor que la vida misma. Leamos el libro de Filipenses y veamos el asombroso retrato de Jesús que dibuja Pablo como una fuente de alegría interminable, un pozo de paz indescriptible, una fuente de fortaleza sobrenatural, la definición de amor verdadero, y el autor de vida eterna. Desde luego, David y Pablo querían a Dios sobre todas las cosas en este mundo: porque sabían quién es Dios y realmente creían que solo Él era suficiente para satisfacerlos.

Al final, el motivo por el que queremos los regalos más que al Dador es porque tenemos una visión demasiado elevada de los regalos y demasiado baja de Dios. Cuando pienso en las mejores cosas en mi vida en este mundo, incluyendo a mi familia y mis amigos, enseguida lo comprendo: a pesar de cuán estupenda es mi esposa, ella no es la autora de vida eterna. Ella no es la fuente de fortaleza sobrenatural. Y ella, mis hijos, mi familia, mis amigos, la iglesia, la carrera profesional, la casa, la reputación y cualquier cosa y todo lo demás que tengo en este mundo ni siquiera comienza a compararse con la gloria, el poder y el amor de Dios. Sin duda, Dios es infinitamente mejor, y Él quiere satisfacerme consigo mismo.

UNA PREGUNTA DEL CORAZÓN

Eso nos conduce a nuestra segunda pregunta: ¿cómo experimentamos esta clase de amor y anhelo por el Dador por encima de sus regalos? Sin duda, la respuesta no es intentarlo con más fuerza. No creo que necesitemos libros o sermones, o cualquier otro mensaje, que nos diga: "Deberías amar y anhelar a Dios; ¡ahora hazlo!". Después de todo, yo no amo a mi esposa simplemente porque alguien me diga que debería hacerlo (aunque Dios sí me dice que debo amarla). Amo a mi esposa porque... bueno... podría pasar el resto de este libro enumerando todos los motivos. Porque me gusta estar con ella, y a ella le gusta estar conmigo. Porque la aprecio, y ella me aprecia a mí. Porque compartimos muchos de los mismos valores, hemos experimentado muchos de los mismos recuerdos, y ella me hace ser una mejor persona en muchos aspectos diferentes. Nadie tiene que decirme que debería intentar con más fuerza amar a mi esposa porque mi corazón encuentra un gran placer en quién es ella y cómo me ama.

Si queremos experimentar el amor de Dios que es mayor que cualquier otro amor, entonces no necesitamos *intentarlo con más fuerza*; necesitamos un *corazón nuevo*. Necesitamos un corazón que sea fundamentalmente diferente a como es nuestro corazón en este mundo. Necesitamos que Dios abra nuestros ojos de una manera nueva (o tal vez por primera vez) para ver cuán indescriptiblemente extraordinario y absolutamente deseable es Él. Para reconocer cuánto nos ama, cuánto le gusta estar con nosotros, y cuán amoroso es. Y para entender cuánto lo hemos despreciado y buscado satisfacción en las cosas de este mundo por encima de Él.

En otras palabras, necesitamos arrepentirnos. Y cuando digo "arrepentirnos" no me refiero simplemente a decir: "lo siento". Me refiero a que necesitamos arrepentimiento de una manera que solamente el Espíritu de Dios puede producir en lo profundo de nuestros corazones por su gracia. Necesitamos arrodillarnos (individualmente y juntos en nuestras iglesias) y clamar a Dios, confesando sinceramente cualquier cosa y todo lo que valoramos, atesoramos, deseamos, o amamos más que a Él, incluyendo nuestra familia, nuestros amigos, la comodidad, el sexo, el éxito, el dinero, las posesiones terrenales, los placeres, el poder, una buena reputación, el sueño, el ejercicio, el alimento, o al final, la vida misma. Necesitamos buscar a Dios como el único fin de los anhelos de nuestra alma con fe en que, en toda su gloria, poder y amor firme, Él es realmente mejor que todas las cosas buenas de este mundo combinadas.

UNA CONFESIÓN: YO ESTABA UTILIZANDO A DIOS

Seré el primero en admitir esta necesidad de arrepentimiento en mi propia vida. Cuando se trata de desear los dones por encima de desear a Dios, yo soy el primero de los pecadores. Tengo una capacidad aterradora de utilizar a Dios como medio hacia un fin en mi vida.

Pienso en un largo periodo de mi vida durante el tiempo después de haber escrito el libro al que hice referencia anteriormente. Ese libro estaba vendiendo muchos ejemplares, y yo viajaba por todo el país y por todo el mundo para dar conferencias en diversos eventos. La iglesia de la que era pastor estaba creciendo. Me encantaba, trabajaba duro, y experimentaba todo tipo de cosas emocionantes en la iglesia. A primera vista, todo se veía estupendamente.

Sin embargo, durante ese largo periodo de mi vida, mi tiempo a solas con Dios era básicamente inexistente. Claro que oraba en un servicio de adoración que yo estuviera dirigiendo, pero en raras ocasiones tenía un encuentro a solas con Dios. Estudiaba la Biblia para predicar de ella, pero casi nunca tan solo para conocer a Dios.

Eso me asusta. Podía ser "exitoso" ante los ojos de la iglesia y de la cultura cristiana que me rodeaba sin tener ningún deseo real por Cristo. Jesús se había convertido fácilmente en un medio hacia un fin para mí. Lo estaba utilizando para edificar una iglesia emocionante, un ministerio popular, y un buen nombre para mí mismo. Estaba utilizando a Dios para conseguir lo que quería en mi vida y en la iglesia, pero en realidad no quería a Dios.

¿Cuán enfermizo es eso?

Por la gracia de Dios, Él me llevó a un punto de arrepentimiento. Abrió mis ojos a muchas maneras en las que yo perseguía sus regalos por encima de Él. Eso condujo a muchos cambios en mi vida, comenzando en primer lugar y, sobre todo, con un tiempo concentrado con Dios cada mañana que por su gracia no ha cesado desde aquel momento y ha seguido siendo más dulce con el paso del tiempo.

Es interesante que, al mirar atrás a aquellos días en el pasado, todo parece revertido en mi presente. Los días recientes han dado como resultado retos mayores, más críticas, menos popularidad, y mucho barro derramado sobre mi reputación. Este periodo ha sido uno de los periodos más difíciles de mi vida; sin embargo, puedo decir sinceramente que, por su gracia, estoy experimentando una cercanía e intimidad más profundas con Dios que nunca antes en toda mi vida.

Y ¿sabes lo que he descubierto? *Él es mejor*. Mejor de lo que conocía antes. De hecho, una noche en una cita reciente, le dije a Heather: "Estos han sido días realmente difíciles, pero conozco más a Dios, amo más a Dios, y estoy disfrutando de una comunión con Dios más cercana que nunca antes. Supongo que, si Dios es la meta, entonces estos son días grandiosos".

La buena noticia es la siguiente: Dios *es* la meta. Dios *es* el fin del evangelio. Dios *es* Aquel que necesitamos más que cualquier otra cosa en este mundo, sin importar cuán bueno sea el regalo.

DEJANDO ATRÁS AL MERCENARIO

¿Acaso no es eso lo que hace grande al evangelio? Dios ha abierto un camino para que seamos totalmente satisfechos en Él, sin importar lo que tengamos (o no tengamos) en este mundo. Dios envió a su Hijo Jesús para pagar el precio por el pecado en una cruz, para resucitar del sepulcro en victoria sobre la muerte, ascender al cielo, y declarar a todo aquel que confía en Él: "No solo te salvaré de tu pecado; satisfaré tu alma conmigo mismo. Restauraré tu comunión conmigo como tu Creador".

Este es el evangelio bíblico que necesitamos desesperadamente creer y experimentar en la actualidad. Yo no conozco todos los retos, pruebas y heridas que has atravesado en tu vida, pero supongo que muchos han experimentado días más difíciles que los míos. Sin embargo, en medio de la dificultad, el evangelio bíblico nos declara a todos que hay Alguien que es mejor que todas las mejores cosas de este mundo juntas, y Él es completamente suficiente para los deseos de nuestra alma.

De este modo, el evangelio de Jesús es fundamentalmente diferente a cualquier evangelio actual que dice: "Acude a Dios, y consigue (llena el espacio en blanco)". Llenamos ese espacio en blanco con posición social, poder político, orgullo nacional o comodidad personal. O tal vez llenamos el espacio en blanco con perdón, un boleto que nos libra del infierno, y una entrada garantizada al cielo. Sin embargo, quienes escuchan el evangelio bíblico oyen una invitación diferente:

"Acude a Dios y consigue... a Dios".

Y esta verdadera invitación del evangelio a buscar a Dios como nuestro único propósito y el mayor premio es *el* antídoto que *más* necesitamos para la ideología que en días recientes está envenenando la iglesia.

En medio de todas las desavenencias en la iglesia, necesitamos desesperadamente buscar a Aquel que puede reconciliarnos.

Rodeados por una injusticia pecaminosa, ataques calumniosos y etiquetas escabrosas, necesitamos desesperadamente buscar al Protector justo que promete defendernos y que, en última instancia, nos define.

Inmersos en juegos de política y de poder en nuestro país y en la Iglesia, necesitamos desesperadamente buscar al Rey omnipotente que siempre ejerce su autoridad para bien.

Ante los escándalos, el abuso sexual y posteriores encubrimientos, necesitamos desesperadamente buscar al Líder que nunca nos decepcionará y al Juez, Sanador y Redentor que enderezará todas las cosas.

En otras palabras, lo *único* que más necesitamos es contemplar, hablar, descansar y estar con Dios mismo. Necesitamos buscar a Dios, y solamente a Dios, como la fuente sobrenatural de satisfacción que este mundo no puede robar, de una gracia que este mundo no puede comprender, de una paz que este mundo no puede arrebatar, y de una esperanza que este mundo no puede sacudir.

Cuando entendemos eso, podemos comenzar a comprender que incluso los retos en este momento cultural pueden ser un instrumento sorprendente en manos de un Dios soberano que nos ama tanto, que en su misericordia deja de darnos cosas menores para que podamos experimentar la plenitud de vida en Él.

Tomás de Kempis, autor medieval de *La imitación de Cristo*, escribió:

> ¿Acaso los que siempre buscan consolación (*por ej., cosas buenas de Dios*) no merecen ser llamados mercenarios? ¿Acaso no prueban quienes siempre piensan en su propio beneficio y ganancia que se aman a sí mismos más que a Cristo? ¿Dónde puede encontrarse a un hombre que desee servir a Dios a cambio de nada?[29]

Unos párrafos después, de Kempis escribió: "Nadie, sin embargo, es más rico que un hombre así; nadie es más poderoso, nadie es más libre que aquel que sabe cómo dejar todas las cosas" y aferrarse solamente a Jesús.

Si queremos eso en nuestra vida (si queremos a Jesús *como* nuestra vida), debemos dejar atrás la religión de los mercenarios. Cambiemos todas sus falsas promesas de satisfacción suprema en las cosas, y entremos en la riqueza, el poder y la libertad que se encuentran al arrepentirnos de amores menores y acudir al Dios cuyo amor es mejor que la vida.

UNA VASTA ARMONÍA DE SONIDO Y ESPÍRITU

Este tipo de arrepentimiento es lo que dio comienzo al movimiento de Dios que ahora marca a la iglesia en Corea del Sur. El año era 1907, y la península coreana era cristiana en menos del 1 por ciento. La iglesia se estaba tambaleando debido a la persecución y la marginación. Líderes y miembros de la iglesia y misioneros estaban desalentados y divididos unos contra los otros. Necesitaban a Dios, y lo sabían.

Un grupo de aproximadamente 1500 cristianos se reunió para buscar a Dios en Pyongyang (ahora la capital de Corea del Norte), y Dios tuvo un encuentro con ellos de un modo que nadie podría haber creado o imaginado. Durante la primera noche de su reunión, los líderes de la iglesia fueron abrumados repentinamente por su pecado y su necesidad de la gracia de Dios. Comenzaron a confesar en público pecados específicos, incluyendo toda clase de pecados ocultos y pecados de unos contra otros en la iglesia. Una oleada de confesiones similares recorrió toda la sala, y las personas se ponían de pie espontáneamente para ofrecer oraciones de arrepentimiento clamando a Dios por misericordia.

Muchas personas oraban en voz alta al mismo tiempo. Un pastor registró la escena de la manera siguiente:

El sonido de muchas personas orando al mismo tiempo no produjo ninguna confusión, sino una vasta armonía de sonido y espíritu, una mezcla de almas movidas por un impulso irresistible de oración. Las oraciones me sonaban como si fueran la caída de muchas aguas, un océano de oración que golpeaba contra el trono de Dios. Igual que en el día de Pentecostés... Dios se derramó sobre nosotros en Pyongyang aquella noche con el sonido del llanto. A medida que continuó la oración, un espíritu de pesadez y tristeza por el pecado se derramó sobre la audiencia. A un lado, alguien comenzó a llorar, y un momento después toda la audiencia estaba llorando.

Un hombre tras otro se ponía de pie, confesaba sus pecados, se quebrantaba y lloraba, y después se postraba en el piso y lo golpeaba con sus puños con una perfecta angustia de convicción. Un hombre intentó hacer una confesión, se derrumbó en medio de ella, y me gritó desde el otro lado de la sala: "Pastor, dígame si queda esperanza para mí, ¿puedo ser perdonado?". Y entonces se postró en el piso y lloró sin parar, casi gritando en agonía. En ocasiones, después de una confesión toda la audiencia irrumpía en una oración audible, y el efecto de esa audiencia de cientos de personas orando juntas en una oración audible era algo indescriptible. De nuevo, tras otra confesión, se quebrantaban en un llanto incontrolable, y todos llorábamos, no podíamos evitarlo. Y así continuó la reunión hasta las 2:00 de la mañana, con confesión, llanto y oración.[30]

Lo que había comenzado como una sencilla reunión se convirtió en una explosión de avivamiento. Continuó al día siguiente, y al siguiente, y al siguiente. Al final, aquellos cristianos se dispersaron por una aldea tras otra y por una iglesia tras otra, donde continuaron produciéndose escenas similares. Las personas se reunían temprano cada mañana solamente para orar. Oraban toda la noche los viernes. Los cristianos estaban experimentando unidad en Cristo, multitudes de personas acudían a Cristo, y se establecían iglesias por todo el país.

Este mover del Espíritu de Dios no se detuvo. Año tras año, década tras década, continuó entre las personas que seguían buscando a Dios. Avancemos cien años. Hoy día, hay más de diez millones de cristianos solamente en Corea del Sur, además de un número desconocido de hermanas y hermanos perseguidos en Corea del Norte. Actualmente, Corea del Sur envía más misioneros a todo el mundo para difundir el evangelio que cualquier otro país aparte de los Estados Unidos, lo cual es bastante notable cuando entendemos que Corea del Sur tiene aproximadamente el tamaño de Indiana.

Detente y siente el peso de esas palabras.

Imagina un país en la actualidad que tenga menos del uno por ciento de cristianos, como Afganistán. ¿Puedes imaginar a más de diez millones de seguidores de Jesús en Afganistán dentro de cien años? ¿Puedes imaginar que Afganistán envíe misioneros a todo el mundo con el evangelio? Una historia tal, sin duda no está por encima de la capacidad de nuestro Dios.

Si Dios hizo eso en la península de Corea, y si Dios puede hacer eso en Afganistán, entonces sin duda Dios puede sanar los corazones de cristianos que batallan en nuestros países si lo buscamos a Él. Temprano y tarde. Individualmente y juntos. Sincera y continuamente. Con confesión de nuestros labios, arrepentimiento en nuestras vidas, y fuertes clamores de desesperación y obsesión por Él. Todos juntos buscando solamente a Dios, y punto.

BUSCANDO AL DIOS QUE ES MAYOR

Tengo mucha esperanza en que eso puede suceder.

Cuando regresé de Corea del Sur, convoqué a nuestra iglesia a una reunión de oración de toda la noche. Comenzamos a las 8:00 de la tarde y oramos juntos hasta cerca de las 6:00 de la mañana del día siguiente. Fue asombroso: alabar juntos a Dios, confesar pecados los unos a los otros, dar gracias a Dios por su inexplicable misericordia, e interceder por nuestra iglesia, nuestra ciudad y las naciones. Aunque no lo hacemos cada semana, posteriores reuniones de oración en la noche o que duran toda la noche se convirtieron en mis momentos favoritos en la iglesia. Uno de mis mayores lamentos como seguidor de Jesús es que me tomó cuarenta años experimentar esos momentos, o más apropiadamente, a Él, de ese modo.

A nuestra iglesia le queda mucho camino por recorrer, pero estoy agradecido por el modo en que otros están estableciendo el ejemplo para nosotros, especialmente para la siguiente generación. Acabo de regresar de un viaje de dos días con un grupo de cientos de personas de 18, 19 y 20 años de edad que están pasando seis meses en un taller de entrenamiento intensivo sobre lo que significa seguir a Jesús. Cuando llegué la primera noche, fui testigo de una reunión al aire libre en la que esos estudiantes pasaros dos horas levantando sus manos y sus voces en adoración y postrándose en oración.

A la mañana siguiente, se reunieron por una hora para hacer lo mismo. Por toda la asamblea, oraron por nombre por diferentes naciones del mundo: para que la gloria de Dios fuera dada a conocer en todas ellas. Aquella tarde se reunieron por otras dos horas con el mismo propósito. Se reunieron también en la noche para hacerlo una vez más.

Esos estudiantes están pasando de tres a cinco horas al día juntos tan solo para buscar a Dios en adoración y oración por la Iglesia en todas las naciones. Tomando prestadas palabras del Salmo 27, están obsesionados con contemplar la belleza del Señor e inquirir en su templo. No creo que haya habido nunca en mi país un grupo de estudiantes con tanta hambre de Dios. Lo están buscando como si Él fuera *lo único* que quieren porque comprenden que eso es lo que significa ser un seguidor de Jesús: creer que Dios es mejor que todo lo demás en este mundo combinado.

Y ese es el punto, ¿no es cierto? Dios *es* mejor.

Dios es mejor que familia y amigos.

Dios es mejor que la comodidad personal.

Dios es mejor que el aplauso de la gente.

Dios es mejor que tener más posesiones.

Dios es mejor que el estatus social

Dios es mejor que la prosperidad económica.

Dios es mejor que la posición en el mundo.

Dios es mejor que… (¡llena el espacio en blanco con cualquier cosa!).

Está claro que no todos los cristianos pueden reunirse de tres a cinco horas diarias con otros cristianos para buscar a Dios en oración y adoración, pero todo aquel que cree que Dios es verdaderamente tan bueno, tan extraordinario y glorioso, lo buscará con una pasión obsesiva y adictiva, y lo servirá sin importar lo que eso signifique para su vida.

Más que eso, todo aquel que cree que Dios es tan bueno encontrará satisfacción suprema en Él. Incluso cuando tenemos tantas otras cosas buenas en abundancia. E incluso (o finalmente) cuando falten todas las cosas buenas.

7

VALE LA PENA

Seis pasos hacia un futuro distinto

Viaja conmigo al último piso del Museo de la Biblia.

Mira conmigo el perfil de Washington, D.C. Contempla la sede del gobierno de los Estados Unidos. La Corte Suprema, la cúpula del Capitolio, la Casa Blanca, y todos esos monumentos distinguidos que perfilan el paisaje en una arena de poder que tienta nuestra imaginación y atrae nuestra admiración. Delante de nuestros ojos está el corazón de uno de los países más prósperos que haya existido nunca en el mundo.

Sin embargo, irónicamente, el edificio donde estamos relata una historia bastante diferente. Por debajo de nuestros pies yace un tributo a un libro escrito aproximadamente hace dos o tres mil años y que muchos en el país consideran anticuado e irrelevante. Sin embargo, este libro afirma poseer un poder mucho mayor y ofrecer mucha más prosperidad que todo lo que vemos delante de nosotros. Y el contraste entre estos dos caminos hacia el poder y la prosperidad no podría ser más claro y riguroso.

En la capital de la superpotencia mundial, el camino hacia el poder y la prosperidad está pavimentado con autodeterminación y autopromoción. Se acredita a James Truslow Adams acuñar el término "el sueño americano", describiéndolo como "un sueño… en el cual cada hombre y cada mujer podrá llegar a la estatura plena de la que es capaz de modo innato, y ser reconocido por otros por lo que él o ella es". Bajo esta luz, el evangelio actual afirma que cualquiera puede sacar provecho de sí mismo, y que otros lo vean como corresponde.

En la Biblia, sin embargo, descubrimos que el camino hacia el poder y la prosperidad verdadera está pavimentado en realidad por aborrecernos a nosotros mismos. Jesús lo dejó claro en Juan 12:25 al decir: "El que ama su vida, la perderá; y el que aborrece su vida en este mundo, para vida eterna la guardará". Estas palabras obviamente no significan que Jesús nos esté llamando a minimizar la belleza de lo que significa ser creados a imagen de Dios, pero a la luz de cómo ha sido manchada esa imagen en cada uno de nosotros, el llamado inicial de Jesús fue una invitación a negarnos a nosotros mismos y tomar no un sueño sino una cruz. El evangelio bíblico es un claro llamado a que todos nos crucifiquemos a nosotros mismos.

Espero que, tras leer este libro, quede abundantemente claro que el evangelio actual y el evangelio de Jesús son dos invitaciones fundamentalmente diferentes. No podemos escoger ambas, y la Iglesia está llena hoy día de las ruinas de aquellos que intentaron hacerlo. Y eso nos lleva a las opciones que tenemos delante.

O bien nos unimos como la esposa de Cristo en torno al evangelio de Cristo y la autoridad de su Palabra, o nos unimos como un club social en torno a los ideales de nuestro país y nuestras posturas personales.

O bien superamos la división étnica que Cristo ha abolido, o profundizamos esa división que nuestro país ha perpetuado.

O bien elevamos la verdad de Dios o nuestros pensamientos como supremos y los comunicamos con compasión, o repelemos a la siguiente generación.

O bien empleamos nuestras vidas haciendo justicia y amando misericordia, o empleamos horas interminables debatiendo sobre justicia e ignorando la misericordia.

O bien alcanzamos con celo a los no alcanzados para hacer discípulos a todas las naciones, o ignoramos con celo a los no alcanzados para hacer grande nuestra nación.

O bien seguimos a Dios como el premio de nuestras vidas ahora y para siempre, o prostituimos a Dios a cambio de premios que se desvanecerán.

Un evangelio actual acompañado por un giro cristiano casual y cómodo en el sueño americano conduce a una división que difama a Cristo en la Iglesia y causa condenación para las naciones, al igual que para la siguiente generación. Sin embargo, un evangelio bíblico caracterizado por una obediencia a los grandes mandamientos y la Gran Comisión sin egoísmo, sacrificial y que corre riesgos conduce a una unidad que exalta a Cristo en la Iglesia y optimismo con respecto a la salvación para todas las naciones, la siguiente generación, y más allá.

Quiero invitarte a que aceptes el evangelio bíblico en tu vida y en tu iglesia. Sin embargo, ¿dónde deberíamos comenzar? Consideremos seis pasos que creo que pueden ser un punto de inicio para liberarnos de los vestigios de un evangelio actual y entrar en la plenitud del evangelio bíblico. No presupongo que estos seis pasos sean exhaustivos, pero creo que son un inicio útil para avanzar juntos hacia un futuro mejor como seguidores de Jesús.

1. CULTIVAR LA COMUNIDAD, COMO EN EL CIELO, ASÍ TAMBIÉN EN LA TIERRA.

Cuando lleguemos al cielo, por la gracia de Dios, estaremos con muchas personas de distintas etnias que tenían convicciones diferentes mientras estaban en la tierra, y que tenían edades diferentes a la nuestra. Por lo tanto, ¿por qué estamos esperando a llegar al cielo para experimentar la comunidad diseñada divinamente, en especial cuando Jesús la hizo posible para nosotros (y nos llamó a disfrutarla) aquí en la tierra?

Parte del efecto del evangelio actual en nuestros corazones es el individualismo peligrosamente generalizado en nuestras vidas. Aunque hemos visto que hay motivos suficientes para la desilusión con la iglesia contemporánea, necesitamos comprender que la solución no es aislarnos de la Iglesia. Es la determinación a ser la Iglesia que Dios ha creado que seamos: una familia sobrenatural unida en torno a Jesús.

Debemos comprometernos, por lo tanto, con una iglesia local, y cultivar una comunidad moldeada por el evangelio con los miembros de esa iglesia. Una de las prioridades para los miembros en nuestra iglesia es la participación en lo que llamamos un "grupo pequeño", que es básicamente un grupo de hermanos y hermanas que están comprometidos a cuidarse los unos a los otros como familia, creciendo juntos en Cristo, y haciendo discípulos juntos en el mundo. En todo lo que sea posible, alentamos a esos grupos a incluir personas (1) de diferentes etnias, (2) con diferentes posturas y convicciones personales, y (3) de varias generaciones. Cuando uno de estos factores no está presente en un grupo en particular, alentamos a los miembros de la iglesia a cultivar intencionadamente esa clase de comunidad fuera de su grupo pequeño. En definitiva, no queremos pasar nuestra vida cristiana rodeados solamente de personas que se ven como nosotros, piensan como nosotros, o están en nuestra edad o etapa de vida.

No estoy seguro de cuál es la mejor manera de ponerlo en práctica en tu vida o tu iglesia, pero me gustaría alentarte a comenzar considerando estas tres categorías. Entiendo que podría verse diferente para iglesias en distintos contextos, pero hasta el punto donde sea posible en nuestras comunidades y ciudades, trabajemos hacia tener iglesias que reflejen la clase de unidad en la diversidad que vemos en la Biblia.

Antes de pasar al paso siguiente, debería añadir que fomentar la comunidad de ese modo probablemente no será fácil. Debes estar preparado para que lleguen cambios. El motivo por el que tenemos mandamientos como "soportándoos unos a otros" en Colosenses 3:13 es porque se supone que debemos estar junto a personas que nos resulta difícil soportar (y a quienes les resulta difícil soportarnos a nosotros). Hay otros 58 mandamientos de "uno a otro" para la comunidad cristiana en la Escritura, de modo que debes esforzarte por obedecerlos todos, incluyendo los mandamientos de escucharnos unos a otros, alentarnos unos a otros, creer lo mejor los unos de los otros, agradarnos unos a otros, dejar a un lado nuestras preferencias por causa de otros, y perdonarnos unos a otros.

La comunidad bíblica es desafiante, pero en realidad no hay nada como la Iglesia en ningún lugar a este lado de la eternidad. Personas de toda clase de trasfondos y antecedentes con todo tipo de perspectivas cuidándose unos a otros como familia, acercándose más a Dios unos con otros, y extendiendo la mejor noticia del mundo juntos entre todas las naciones. Comienza cultivando comunidad, como en el cielo, así también en la tierra.

2. BUSCAR A DIOS TEMPRANO, TARDE, Y MUCHO TIEMPO.

Si *lo que* más necesitamos al avanzar es clamar con desesperación para que solo Dios sea el premio de nuestras vidas y nuestras iglesias, entonces necesitamos buscarlo a Él temprano, tarde, y mucho tiempo. Si no tienes ya un tiempo diario apartado para estar a solas con Dios en oración y lectura de su Palabra, comienza ahora. Si es posible, haz que sea una cantidad de tiempo extensa y concentrada para tener comunión con Él, cantarle, orar a Él, escucharlo, y en ocasiones solamente estar en silencio delante de Él. Levántate temprano, aparta tiempo durante el día, o quédate despierto hasta tarde. Sin tener en cuenta el momento, esta práctica de pasar un tiempo tranquilo e ininterrumpido con Dios no solo revolucionará tu vida espiritual; también revolucionará toda tu vida.

Pero no te limites a hacerlo individualmente. Hazlo colectivamente, comprendiendo que hay una recompensa única que se encuentra cuando nos reunimos. Idealmente, busca a Dios de ese modo con las personas junto con las cuales persigues la comunidad bíblica. Reúnete con toda tu iglesia para tiempos extensos de oración juntos. Y, cuando eso no sea posible, reúnete con un grupo pequeño dentro de tu iglesia. Tal vez puedes apartar regularmente un tiempo en la mañana para orar juntos en torno a la Palabra de Dios al menos durante una hora, o quizá dos. O puedes apartar un tiempo en particular en la noche (un viernes en la noche, por ejemplo) para reunirse y orar juntos en torno a la Palabra de Dios por varias horas. Te alentaría encarecidamente a que tomes parte en una reunión de oración de toda la noche.

Para un tiempo extendido como ese, a mí me resulta útil buscar a Dios de diferentes maneras y en diferentes posturas. Puedes estar de pie, sentado, arrodillado, puedes cantar, gritar o estar en silencio. Puedes leer la Palabra de Dios y orar conforme a ella, alabar a Dios, confesar pecado, clamar por tus necesidades e interceder por otros. Podría ser un tiempo de oración y alabanza totalmente espontáneo o ser planeado intencionalmente. Por ejemplo, si están buscando a Dios juntos durante tres horas, podrían organizarlo de la manera siguiente:

+ 30 minutos ofreciendo oraciones, cantos y gritos de alabanza y adoración;

+ 30 minutos ofreciendo oraciones, cantos y gritos de agradecimiento;

+ 30 minutos en confesión;

+ 30 minutos orando con pasajes específicos de la Palabra de Dios;

+ 30 minutos orando por la siguiente generación; o

+ 30 minutos intercediendo por naciones específicas no alcanzadas.

Si oran toda la noche, podrían dividir el tiempo en segmentos de una hora, y si estás orando con un grupo, podrías asignar que cada hora sea liderada por diferentes personas de maneras distintas sobre temas diferentes o con énfasis diferentes. Independientemente del nivel en el que lo planees, permite que el Espíritu Santo dirija ese tiempo en comunión activa con Dios.

Hace años atrás, oí decir a alguien: "Dios no revela las cosas íntimas de su corazón a quienes casualmente llegan y se van". Estas palabras han seguido conmigo desde entonces, y he descubierto que son verdad, especialmente desde que he sido parte de tiempos de oración más extensos a solas y con otras personas. Hay una cercanía con Dios que solo puede experimentarse tras buscarlo a Él durante una hora tras otra y otra, y nos lo perderemos si no estamos dispuestos a pasar con Él esa clase de tiempo. Por lo tanto, aparta tiempo para pasarlo a solas y junto con otros para buscar a Dios. Temprano, tarde, y mucho tiempo. No como un medio para cualquier otro fin, sino como el fin.

3. MEMORIZAR UN CAPÍTULO O UN LIBRO DE LA PALABRA DE DIOS.

Conocer a Dios se produce al conocer la Palabra de Dios, y conocer la Palabra de Dios requiere fomentar una convicción apasionada al respecto y una dedicación apasionada a ella, muy parecido a lo que vimos en Bashir, Moska, y en otras hermanas y hermanos perseguidos. Como ellos, debemos confiar en la Palabra de Dios y atesorarla por encima de todo, incluyendo nuestros pensamientos, los ideales de nuestro país, nuestras posiciones políticas, o las tendencias populares. Personalmente, no conozco manera mejor de que la Palabra de Dios transforme nuestro modo de pensar que esconder grandes porciones de ella en nuestra mente y nuestro corazón mediante la memorización.

Al leer estas palabras, podrías pensar: "Pero yo no memorizo bien", lo cual puede ser verdad. Confío en que Dios nos ha dado a todos distintas medidas de gracia de maneras diferentes, y la memorización puede que no sea una de tus fortalezas. Sin embargo, considera esta pregunta: si yo prometiera darte mil dólares por cada versículo que pudieras memorizar entre ahora y mañana a la misma hora, ¿lo intentarías al menos? Supongo que lo harías, y a menos que tengas retos de memoria inusuales, con la promesa de miles de dólares sobre la mesa probablemente podrías memorizar un buen número de versículos.

A la luz de mi hipotético reto de los mil dólares, considera Salmos 119:72, que dice: *Mejor me es la ley de tu boca que millares de oro y plata*. La verdadera cuestión no es si puedes memorizar. La verdadera cuestión es si el dinero o la Palabra de Dios es más valioso para ti. O tal vez otro modo de plantear la pregunta es el siguiente: ¿solamente estás dispuesto a buscar la Palabra de Dios si es un medio hacia algún fin, como el dinero? ¿O consideras que la Palabra de Dios es lo suficientemente digna para ser el fin?

La Biblia es un tesoro digno de nuestras vidas, de modo que dediquemos nuestras vidas a conocerla. Espero que tengas en tu vida un patrón de lectura, estudio y meditación en ella cada día, pero me gustaría desafiarte a ir más allá de eso. Y no te estoy pidiendo que memorices la Biblia entera en los idiomas originales, pero ¿no podrías aprender de memoria un capítulo de la Biblia?

Sugiero escoger un capítulo de una carta del Nuevo Testamento, como Filipenses 1, Santiago 1, o Romanos 8. Intenta memorizar al menos uno o dos versículos por semana, y sigue añadiendo versículos hasta que hayas guardado todo el capítulo en tu corazón. También podrías emplear algún tiempo concentrado cada día (como una hora o dos) y comprobar cuántos versículos puedes memorizar. Entonces, repasa los versículos cada día hasta que puedas tener más tiempo concentrado (como una hora o dos) otro día. Diferentes personas memorizan de diferentes maneras, de modo que averigua lo que mejor funcione para ti, y sigue ese método.

Considera pedir al menos a otra persona que también lo haga junto contigo para que así puedan alentarse y ayudarse el uno al otro en el camino. Además, habla sobre lo que estás aprendiendo a medida que la Palabra de Dios se vuelve parte de ti. Entonces, tras haber terminado un capítulo, ¿por qué detenerte ahí? Sigue adelante. Sigue memorizando hasta que finalices un libro entero de la Biblia.

Mientras escribo estas palabras, pienso en un hombre en nuestra iglesia que aceptó este reto cuando memorizamos el libro de 1 Juan como iglesia. Él nunca había memorizado un capítulo de la Escritura, y le puso muchas ganas. Invitó a su hijo adolescente a acompañarlo en el viaje y lo hicieron juntos, empleando una parte del tiempo que pasaban en el auto en la mañana trabajando en el versículo siguiente o repasando versículos anteriores.

Después de terminar el primer capítulo, su hijo lo miró y dijo: "No nos vamos a detener, ¿verdad?".

Su papá respondió: "Supongo que no", y siguieron adelante hasta memorizar el libro completo de 1 Juan. Las palabras no pueden describir el efecto de este viaje en ese papá, su hijo, y su relación mutua y con Dios. Y ¿qué podría ser más valioso para un papá y un hijo que ocultar juntos la Palabra de Dios en sus corazones?

Esta clase de memorización debería ser normal para las personas que atesoran la Palabra de Dios por encima de todo lo demás. Dejemos a un lado la ráfaga constante de mensajes del mundo que recibimos y pasemos tiempo meditando en la Palabra de Dios y memorizándola. Haz que esto sea normal en tu vida, e invita a otra persona a acompañarte. Comienza con un capítulo de la Biblia, y después ve añadiendo más a medida que te acercas más a Dios. Y, a lo largo del camino, deja que la Palabra de Dios transforme tu modo de pensar.[viii]

4. MOSTRAR COMPASIÓN CONTRACULTURAL EN EL MUNDO.

Al final del capítulo 3 hice una serie de preguntas acerca de nuestra postura hacia quienes puede que no sean cristianos o tengan opiniones muy distintas a nosotros. Muchas de las personas que cité probablemente hayan tenido interacciones negativas con cristianos, o al menos una impresión negativa de la Iglesia. Podrían incluirse entre ellas miembros más liberales de consejos escolares, activistas a favor del derecho a abortar, musulmanes o personas de distintas religiones, miembros de la comunidad LGTBQ, o miembros del partido político contrario que difieren de nosotros en casi todas las posturas posibles. Y podría enumerar muchos otros.

Es momento de que mostremos compasión contracultural a quienes no están de acuerdo con nosotros. Es momento de mostrarles que la Palabra de Dios no es un arma que usamos contra ellos, sino más bien palabras que nos mueven a mostrarles amor y bondad. Hacia ese fin, quiero alentarte a que hagas tres cosas

---

viii. Para obtener ayuda en la memorización de la Escritura, recomiendo de verdad el libro *An Approach to Extended Memorization of Scripture* de Andrew M. Davis.

en relación con una persona por lo menos que podría esperar que los cristianos sean hostiles hacia él o ella.

1. Comparte la vida. Llega a conocerle a nivel personal, sé genuinamente un buen amigo para él o ella. Escucha sus luchas. Aprende de su perspectiva. Busca comprender su historia. Piensa lo mejor de él o ella. A lo largo del camino, hasta el grado en que esa persona esté abierta, comparte tu vida con ella de maneras similares.

2. Muestra compasión. Esfuérzate por cuidar bien de él o ella no por ningún otro motivo sino el de ser un reflejo del amor de Dios en su vida. Igual que nos enseñó Jesús, ámalo como a ti mismo.

3. Háblale del evangelio motivado por un amor genuino. Como recordatorio, a continuación incluyo un resumen del evangelio:

    El evangelio es la buena noticia de que el Creador justo y misericordioso del universo ha mirado a los hombres y las mujeres pecadores y sin esperanza y ha enviado a su Hijo Jesús, Dios en la carne, para soportar su juicio contra el pecado en la cruz y mostrar su poder sobre el pecado en su resurrección, para que cualquiera en cualquier nación que dé la espalda a su pecado y a sí mismo y confíe en Jesús como Salvador y Señor pueda recibir perdón de su pecado y ser reconciliado a una relación con Dios por toda la eternidad.

Declara esta verdad en algún momento en tu relación con esa persona. Ora para que sus ojos sean abiertos a la verdad y la belleza de Jesús, y a su amor por él o ella, y ora por una oportunidad para dirigirlo a la vida en Él.

Comparte la vida, muestra compasión, y declara el evangelio. Permite que esas acciones se conviertan en un patrón en tus interacciones y relaciones diarias con otros que podrían tener ideas erróneas acerca de Jesús a causa de sus interacciones con cristianos. Y haz todas esas cosas con una firme convicción arraigada en la Palabra de Dios y unida a bondad y compasión hacia todos (sí, todos) en el mundo.

5. HACER JUSTICIA.

En el capítulo 4 enumeré diferentes maneras de hacer justicia (aunque esa lista no es completa) y nos desafié a todos a cargar a huérfanos en nuestros brazos, ayudar a viudas en nuestras comunidades, servir a refugiados en nuestras fronteras, recibir inmigrantes en nuestros hogares, rescatar esclavos de los traficantes, visitar a personas en la cárcel, cuidar de víctimas de abuso, acompañar a mamás y papás con embarazos no deseados, y hacer multitud de otras cosas que son buenas para las personas tal como está ejemplificado en el carácter de Dios y expresado en la Palabra de Dios.

Con este como nuestro lugar de inicio, pasa tiempo alabando a Dios por el modo en que te está capacitando actualmente para hacer justicia en el mundo que te rodea mediante el poder de su Espíritu. Entonces ora y considera una, dos o tres maneras concretas adicionales en las que Dios podría estar guiándote a hacer justicia en tu vida, tu familia o tu iglesia. Tal vez, Dios te está llamando a ser mamá o papá de acogida o a adoptar. Quizás te está guiando a ayudar a viudas, o a padres solteros, a niños todavía no nacidos, o a refugiados. Puede que Dios te esté dirigiendo a saber más acerca de factores que están contribuyendo a la pobreza o a la criminalidad en una comunidad en particular para que así puedas desempeñar un papel para ayudar a la gente en esa comunidad. Podría seguir enumerando posibles ejemplos, que es precisamente el punto: hay mucha justicia por hacer en este mundo caído.

A lo largo del camino, asegúrate de compartir y dialogar con otros de lo que Dios te está guiando a hacer en tu iglesia. Dios puede guiar a otros a que te acompañen o te ayuden, o tal vez puedas alentarlos a considerar maneras únicas en las que Dios les está guiando a ellos a hacer justicia. Recuerda considerar cómo puedes promover la justicia individualmente al igual que mediante varios sistemas o estructuras que te rodean.

La semana pasada, nuestra iglesia celebró la gracia de Dios en Matt, un marine retirado de setenta y seis años que comenzó un ministerio de provisión de muebles para personas en necesidad. Matt toma llamadas de trabajadores sociales del condado y del albergue cercano para mujeres abusadas, y recluta a personas de la iglesia para ayudar a proporcionar muebles de segunda mano a familias (normalmente, mamás solteras y sus hijos). La semana pasada conoció a una mujer que tiene dos hijos de cinco y tres años que dormían en el piso. Matt les dijo que les llevaría literas, y los niños preguntaron: "¿Qué es eso?".

Matt sonrió y dijo: "Esperen y lo verán".

Al día siguiente, los niños observaban con los ojos abiertos como platos cómo este marine retirado ensamblaba sus nuevas camas, y el de cinco años gritó emocionado a su hermano de tres años: "¿No es grande Dios?".

Más o menos al mismo tiempo, pusieron en contacto con Matt a una mujer musulmana que había sido abusada por su esposo, expulsada de su casa, y rechazada en la mezquita local. Matt le proporcionó muebles nuevos, una de las mujeres de nuestra iglesia compartió el evangelio con ella, y la mujer llegó a la fe en Jesús.

Seguir verdaderamente a Jesús significa hacer justicia intencionadamente. Por lo tanto, toma pasos específicos en tu vida, incluyendo trabajar en conjunto con otros, hacer justicia, amar misericordia, y caminar humildemente con Dios.

6. ALCANZAR A LOS NO ALCANZADOS.

Dios te ha dado un papel único y significativo que desempeñar en la extensión del evangelio entre todas las naciones, de modo que este último paso involucra hacer un plan para asegurarte de no perderte este propósito en tu vida. Te aliento a que practiques intencionalmente un celo bíblico por las naciones no alcanzadas respondiendo tres preguntas concretas (y la última tiene dos partes, de modo que supongo que son técnicamente cuatro).

1. ¿Cómo *orarás* por naciones no alcanzadas? Ni siquiera tienes que levantarte de la cama para comenzar a responder esta pregunta. Crea un plan para apartar tiempo para orar por personas que nunca han oído el evangelio. Considera cómo apartar tiempo para orar como familia y con otros en tu iglesia. Busca en el internet recursos y herramientas como Stratus.Earth para saber acerca de las necesidades de distintas naciones, y usa los videos y puntos de oración que se incluyen para las naciones con las necesidades espirituales y físicas más urgentes. O descarga la aplicación de Joshua Project, llamada "Unreached of the Day" y establece como patrón orar en algún momento de tu día por la extensión del evangelio en grupos específicos. Usa el

podcast "Pray the Word" como herramienta para ayudarte a orar por los no alcanzados. Cuanto más aprendas acerca de lo que Dios está haciendo en el mundo, y conozcas a personas que van por todo el mundo, más equipado estarás para colaborar con Dios en todo lo que Él está haciendo por medio de tus oraciones. No subestimes ni un momento el papel que puedes desempeñar en el propósito global de Dios desde tus rodillas.

2.   ¿Cómo *donarás* a naciones no alcanzadas? En el capítulo 5 exploramos la necesidad de rectificar el gran desbalance al donar para la extensión del evangelio entre los pueblos y los lugares menos alcanzados del mundo. Existen muchas maneras para que puedas donar de modo individual o colectivo en tu iglesia, ya sea a cristianos indígenas que trabajan en zonas no alcanzadas o a misioneros que dejan su hogar para ir a los no alcanzados. Explora *Urgent* (urgentneeds.org), la iniciativa de Radical que mencioné anteriormente y que identifica a hermanas y hermanos indígenas que hacen un discipulado bíblicamente fiel y prácticamente sabio y establecen nuevas iglesias en zonas con las necesidades espirituales y físicas más urgentes del mundo. Por medio de *Urgent*, nos situamos al lado de esos creyentes indígenas y les damos apoyo financiero, aliento espiritual, formación ministerial continuada, y conexión con otros obreros que tienen el mismo sentir. Los obreros de *Urgent* son notables (incluyen a Bashir y Moska), y tu familia, tu iglesia y tú mismo pueden ayudar a apoyar el trabajo que están haciendo mediante sus donativos. Sin embargo, no tiene por

qué ser por medio de *Urgent*; existen muchas maneras para poder donar para los no alcanzados. Sin importar qué camino utilicemos, rectifiquemos este gran desbalance y donemos hasta que esté completa esta gran comisión.

3. ¿Cómo *irás* a naciones no alcanzadas? Mencioné que esta pregunta tenía dos partes porque quiero alentarte a pensar acerca de *donde vives* y también *dondequiera que Dios te dirija*. La primera pregunta es la siguiente: "¿Cómo irás a naciones no alcanzadas *donde vives?*". Como vimos en el capítulo 5, Dios ha traído a nuestras comunidades y ciudades a personas de naciones no alcanzadas. Por ejemplo, el pueblo somalí es no alcanzado (de modo significativo) en Somalia y, sin embargo, Dios los ha llevado a otros países. Por lo tanto, busca oportunidades de comunicarles el evangelio y también a otras personas que provienen de grupos no alcanzados y que Dios ha acercado a nosotros. Entonces responde: "¿Cómo irás a naciones no alcanzadas *dondequiera que Dios te dirija?* Más de tres mil millones de personas no serán alcanzadas con el evangelio si todos nos quedamos donde vivimos. En algún momento alguien tiene que ir a ellos, y ese alguien podrías ser tú. O podría ser yo. Te aliento, por lo tanto, a orar a Dios regularmente diciendo: "Dios, si quieres que vaya a los no alcanzados, iré". Entonces, cuando ores, piensa al menos en las diferentes maneras en las que Dios podría guiarte a ir. ¿Podrías hacer un viaje misionero de corto plazo para comunicar el evangelio a los no alcanzados? ¿Podrías pasar un verano, o un semestre, o un año o dos entre los no

alcanzados? ¿Podrías convertirte en un misionero a tiempo completo? ¿Podrías ir a la escuela en algún lugar entre los no alcanzados? ¿Podrías buscar oportunidades de empleo entre los no alcanzados? ¿Podrías retirarte entre los no alcanzados? ¿Podrías utilizar la tecnología de maneras creativas para alcanzar a los no alcanzados? Explora todas esas opciones con el consejo de líderes y miembros de tu iglesia, y mantente abierto a cómo podría guiarte Dios para dar ese paso en cualquier momento. Quizá Él lo hará, o tal vez no; sin embargo, debes estar preparado en todo momento para ir, comenzando *donde vives*, y estar abierto a *dondequiera que Dios te dirija*.

Ser un seguidor de Jesús es estar apasionado por Dios y su propósito global en el mundo. Si somos así, entonces debemos ser intencionales, tanto individualmente como colectivamente, en alcanzar a los no alcanzados por medio de nuestras vidas, nuestras familias y nuestras iglesias.

NO TE DETENGAS

Al inicio de este libro compartí que hay mucho más en Jesús y en la Iglesia de lo que puede ofrecer el evangelio actual. Propuse que podemos experimentar la maravilla llena de asombro de Jesús y la belleza incomparable de su Iglesia, pero, para hacerlo, algunas cosas tendrán que ser diferentes y comenzar no en otras personas sino en ti y en mí.

Por lo tanto, aquí estamos, y la decisión está delante de nosotros. El evangelio actual o el evangelio bíblico. La división de este mundo o la unidad de otro mundo. Comunidad homogénea o belleza multiétnica. Torcer la Palabra de Dios o confiar en ella. Ahuyentar a nuevas generaciones o alcanzarlas. Hablar sobre justicia y perdernos la buena vida o hacer justicia y experimentar la buena vida. Celo solamente por nuestra nación o celo por todas las naciones de la tierra, en particular las que todavía no han escuchado el evangelio. Dios como un medio o Dios como el fin. Poder de este mundo y prosperidad que se desvanecen cuando nos promovemos a nosotros mismos, o poder celestial y prosperidad eterna cuando nos crucificamos a nosotros mismos.

Aceptemos el evangelio bíblico. A pesar de lo que pueda costarnos, experimentemos y compartamos la sanidad necesaria, la esperanza garantizada, el gozo inconmovible, la unidad inexplicable, el amor indescriptible, y la vida eterna que se encuentran solamente en Jesús como parte de su iglesia.

Puede que yo no esté sentado en una mesa frente a ti con el perfil del Capitolio afuera de las ventanas como Harry estaba conmigo aquel día, pero haré todo lo posible por concluir con este sentido ánimo para ti.

Con el evangelio verdadero en tu corazón y con Dios como tu premio: prosigue, y no te detengas.

RECONOCIMIENTOS

Yo no tengo nada bueno aparte de la gracia de Dios, y todo lo bueno en este libro es evidencia de su gracia en muchas personas y por medio de ellas.

Doy gracias a Dios por el aliento, el consejo y la sabiduría de Sealy, y por la paciente dirección y apoyo personal de Estee, Andrew y Tina, y todo el equipo de Waterbrook Multnomah.

Doy gracias a Dios por Seth y Dave. Vaya... ¿qué puedo decir para resumir mi gratitud y afecto por ustedes dos? Son maestros de su profesión, y es emocionante aprender de ustedes. A un nivel mucho más profundo y significativo, es aleccionador ser sus amigos. Gracias por su inversión no solo en este libro sino también en mí.

Doy gracias a Dios por las hermanas y los hermanos que tengo el privilegio inmerecido de pastorear en MBC, especialmente al haber atravesado juntos tantos días difíciles. No presumo de ser un pastor perfecto, y alabo a Dios por la paciencia que ustedes tienen conmigo. No nos detengamos en cuanto a ser la iglesia que Dios desea que seamos para su gloria entre las naciones, comenzando en la zona de Washington, D.C.

Agradezco a Dios por Chris y todo el equipo (cada vez mayor) de Radical, y por todas las maneras en que ustedes prosiguen para equipar a cristianos, servir a iglesias, y alcanzar a los no alcanzados. Chris, eres un amigo como no hay otro; y, equipo, ustedes corren riesgos y se niegan a permitir que los obstáculos se interpongan en su camino. No nos detengamos hasta que mujeres y hombres de toda tribu, lengua, pueblo y nación estén disfrutando y exaltando a Dios como seguidores de Jesús.

Doy gracias a Dios por mi preciosa esposa y mis extraordinarios hijos. En medio de los retos de estos dos últimos años en nuestra familia y en la iglesia, ustedes han confiado en Dios y me han amado en cada paso. Soy el esposo y papá más bendecido del mundo, y les amo mucho a cada uno de ustedes. No nos detengamos en cuanto a hacer todo lo que Dios nos llama a hacer a cada uno individualmente y juntos, para que sus caminos sean conocidos en la tierra, y su salvación sea conocida entre todas las naciones.

Sobre todo, doy gracias a Dios por el evangelio. Me estremezco al pensar dónde estaría yo (y merecería estar) sin la gracia de Dios en mi vida por medio de Jesús mi Rey. Que el fruto de su gracia hacia mí resuene para tu gloria por medio de mí.

Juan 3:30

NOTAS

CAPÍTULO 1

1. LifeWay Research, "Many Churchgoers Want to Worship With People Who Share Their Politics", 23 de agosto de 2018, (https://lifewayresearch.com/2018/08/23/many-churchgoers-want-to-worship-with-people-who-share-their-politics/)

CAPÍTULO 2

2. James W. Loewen. *Lies Across America: What our Historic Sites Get Wrong* (The New Press, 1999)

3. Atlanta History Center, "A Condensed History of the Stone Mountain Carving", (www.atlantahistorycenter.com), p. 6. La siguiente nota a pie de página aparece en el artículo para esta cita: Helen Plane to Gutzon Borglum, 17 de diciembre de 1915, Helen Plane Papers. Special Collections Department, Robert W. Woodruff Library, Emory University, Atlanta, Georgia.

4. Claire Barrett, "Nation's Largest Confederate Memorial, Stone Mountain, to Get New Exhibit Explaining the Site's 'Whole Story'", Historynet, 2021, www.historynet.com/nations-largest-confederate-memorial-stone-mountain-to-get-new-exhibit-explaining-the-sites-whole-story/

5. J. H. Thornwell, "The Rights and the Duties of Masters: A Sermon", (Steam Power Press of Walker and James, 1850).

6. Justin Taylor, "James Henley Thornwell, Antebellum Southern Presbyterian and Defender of Slavery", The Gospel Coalition, 2016, the-gospelcoalition.org/blogs/evangelical-history/the-regulated-freedom-of-ja-mes-henley-thornwell-antebellum-southern-presbyterian/ Taylor alude a un sermón de Thornwell titulado "The Rights and Duties of Masters", 1850, que puede encontrarse aquí: https://books.google.com/books?id=MqA-RAAAAIAAJ&printsec=frontcover&source=gbs_ge_summary_r&ca-d=0#v=onepage&q&f=false

7. Morton H. Smith, "The Racial Problem Facing America", The Presbyterian Guardian, octubre de 1964, p. 127. https://opc.org/cfh/guar-dian/Volume_33/1964-10.pdf

8. U.S. Bureau of Labor Statistics, 2017, https://www.bls.gov/opub/ted/2017/unemployment-rate-and-employment-population-ra-tio-vary-by-race-and-ethnicity.htm y 2022, https://www.bls.gov/cps/cpsaat05.htm

9. Aditya Aladangady y Akila Forde, "Wealth Inequality and the Racial Wealth Gap", Board of Governors of the Federal Reserve System, 2021, https://www.federalreserve.gov/econres/notes/feds-notes/wealth-inequali-ty-and-the-racial-wealth-gap-20211022.htm

10. La tasa de mortalidad infantil en 2018 fue más del doble para bebés de color que para bebés blancos, según el Center for Disease Control and Prevention, "Infant Mortality", www.cdc.gov/reproductivehealth/materna-linfanthealth/infantmortality.htm

11. El riesgo de muerte relacionado con el embarazo para mujeres de color fue de 3 a 4 veces más alto que para mujeres blancas, "Meeting the Challenges of Measuring and Preventing maternal Mortality in the United States", Center for Disease Control and Prevention, 2017, https://www.cdc.gov/grand-rounds/pp/2017/20171114-maternal-mortality.html

12. El índice de homicidios en 2015 para gente de color entre 10 y 34 años fue 13 veces más alto que para blancos en el mismo grupo de edad, según "Violence-Related Disparities Experienced by Black Youth and Young Adults: Opportunities and Prevention". American Journal of Preventative Medicine, 2018, https://www.ajpmonline.org/article/S0749-3797(18)31907-X/pdf

13. Samuel R. Gross, Maurice Possley, y Klara Stephens, *Race and Wrongful Convictions in the United States* (National Registry of Exonerations, 2017), www.law.umich.edu/special/exoneration/Documents/Race_and_Wrongful_Convictions.pdf

14. This article from UNCF, "K-12 Disparity Facts and Statistics", enumera desigualdades en educación por raza, uncf.org/pages/k-12-disparity-facts-and-stats. Este artículo del Bureau of Labor Statistics, "Labor force characteristics by race and ethnicity, 2018" observa varias desigualdades económicas, www.bls.gov/opub/reports/race-and-ethnicity/2018/home.htm Y este artículo, "Stanford Professor's study finds gentrification disproportionality affects minorities," 2020, del Stanford News observa algunos efectos de gentrificación en minorías, news.stanford.edu/2020/12/01/gentrification-disproportionately-affects-minorities/

15. Michael Emerson y Christian Smith, *Divided by Faith: Evangelical Religion and the Problem of Race in America* (Oxford University Press, 2001).

16. Korie Little Edwards, "The Multiethnic Church Movement Hasn't Lived up to It's Promise", Christianity Today, 2016, www.christianitytoday.com/ct/2021/march/race-diversity-multiethnic-church-movement-promise.html; Brandon Martinez y Kevin Dougherty, "Race, Belonging, and Participation in Religious Congregations", Wiley Online Library, 2013, onlinelibrary.wiley.com/doi/full/10.1111/jssr.12073

17. Tracy Hadden Loh, Christopher Coes, y Becca Buthe, "The Great Real Estate Reset: Separate and unequal", Brookings Institution, 2020, www.brookings.edu/essay/trend-1-separate-and-unequal-neighborhoods-are-sustaining-racial-and-economic-injustice-in-the-us/; Stephen Menendian, Samir Gahmbhir, y Arthur Gailes, "The Roots of Structural

Racism Project: Twenty-First Century Racial Residential Segregation in the United States", Othering & Belonging Institute of University of California, Berkeley, 2021, belonging.berkeley.edu/roots-structural-racism

18. Martin Luther King, Jr., "Letter from Birmingham Jail", 1963.

19. *Ibid.*

CAPÍTULO 3

20. Barna Group y American Bible Society, "State of the Bible 2016," 2016, efaidnbmnnnibpcajpcglclefindmkaj/https://americanbible.org/uploads/content/State_of_the_Bible_2016.pdf

21. Gene Edward Veith, "Why Luther?", Tabletalk Magazine, 2020, https://tabletalkmagazine.com/posts/why-luther/#ffn3, as quoted from Luther's "Sermón del 10 de marzo de 1522; Luther's Works 51:77".

22. Frederick Douglass, *Narrative of the life of Frederick Douglass: An American Slave*, Second Edition (Bedford/St. Martins, 2002).

CAPÍTULO 4

23. En 2021, the UN Refugee Agnecy dijo que hay 82.4 millones de personas en todo el mundo que fueron desplazadas obligatoriamente a finales de 2020 como resultado de persecución, conflicto, violencia, violación de derechos humanos o eventos que alteran gravemente el orden público, https://www.unhcr.org/en-us/figures-at-a-glance.html

24. Hannah Hartig, "Republicans Turn More Negative Toward Refugees as Number Admitted to U.S. Plummets", Pew Research Center, 2018, https://www.pewresearch.org/fact-tank/2018/05/24/republicans-turn-more-negative-toward-refugees-as-number-admitted-to-u-s-plummets/

25. Andrea Palpant Dilley, "The Surprising Discovery about Those Colonialist, Proselytizing Missionaries", *Christianity Today* 58, no. 1 (enero-febrero 2014): pp. 36-40.

CAPÍTULO 5

26. The Joshua Project, https://joshuaproject.net/o

27. Debido a diversos factores (seguridad, reportes inconsistentes, etc.), es difícil estar seguro o ser muy preciso sobre datos mundiales relacionados con misiones y donaciones. Esta cifra se basa en la comparación de datos disponibles en marzo de 2020 por Joshua Project; Gordon-Conwell Theological Seminary, "Status of Global Christianity 2022", David Barrett y Todd Johnson, *World Christian Trends AD 30-AD 220: Making Sense of the Annual Christian Megacensus* (William Carey Library, 2013); Jason Mandryk, *Operation World: The Definitive Prayer Guide to Every Nation*, Seventh Edition (IVP Books, 2010); Gina Zurlo y Todd Johnson, *World Christian Encyclopedia*, Third Edition (Edinburgh University Press, 2019); Todd Johnson y Kenneth Ross, *Atlas of Global Christianity*, First Edition (Edinburgh University Press, 2009). Para saber más, visita https://radical.net/secret_church/secret-church-21-the-great-imbalance/

28. John Piper, *Let the Nations Be Glad!: The Supremacy of God in Missions* (Baker Academic, 2010).

CAPÍTULO 6

29. Tomás de Kempis, *The Imitation of Christ* (B&H Publishing Group, 2017).

30. William Blair y Bruce Hunt, *The Korean Pentecost and the Sufferings Which Followed* (Banner of Truth, 2015).

ACERCA DEL AUTOR

David Platt es autor de tres éxitos de ventas del New York Times, incluido *Radical*. Es pastor en el área metropolitana de Washington, D.C. y fundador de Radical Inc., una organización que equipa a los cristianos para estar en misiones desde donde viven hasta los confines de la tierra. Platt recibió su maestría en teología, maestría en teología y doctorado en filosofía del Seminario Teológico Bautista de Nueva Orleans. Vive en el área metropolitana de D.C. con su esposa y sus hijos.